DESENVOLVIMENTO LOCAL RURALIDADE E REGIONALIZAÇÃO

Problemáticas analisadas a partir das realidades Alentejanas

Eduardo Figueira

UNIVERSIDADE
LUSÓFONA

Associação para o Desenvolvimento Local

Título: Desenvolvimento Local, Ruralidade e Regionalização. Problemáticas analisadas a partir das realidades Alentejanas

Autor: Eduardo Álvaro do Carmo Figueira

Edição e Distribuição: Amazon

Organização e Composição: ALIENDE-Ass. para o Des.nvolvimento Local

Design da Capa: Eduardo Figueira

ISBN: ISBN-13: 978-1541011250

Data de Edição: Fevereiro, 2017

Notas do Editor:
(1) Os conteúdos desta publicação são da responsabilidade do autor e não reflecte a posição do Editor.
(2) É expressamente proibido reproduzir esta obra, no todo ou em parte, sob qualquer forma ou meio sem autorização do Editor e do Autor. As transgressões serão passíveis das penalizações previstas na legislação em vigor.

DEDICATÓRIA

À Minha Mulher, Fernandina Fernandes, que sempre me apoiou na
minha actividade académica e profissional.
Ao meu Pai de quem muito recebi e a quem nada retribuí devido ao seu
cedo desaparecimento.
Aos meus filhos, netas e neto que pelo seu carinho me ajudaram na
minha concentração e desenvolvimento das minhas actividades.

INDICE

PREFÁCIO

Acompanhei o Eduardo Figueira na ANIMAR, uma das experiências de Desenvolvimento Local onde eu, na minha parte Angolana, se pode dizer que vivi "à portuguesa", e vi, neste Cidadão também de Angola e como eu de Alma Angolana, um ativista e um pensador desta nova visão da economia que, em Portugal, ainda se descobre somente no terreno da intervenção - a economia solidária

E, agora, confronto-me com a componente reflexiva do Eduardo Figueira (a seu pedido), que, como compete a um interventor, se assume intelectualmente por via de textos que seguem para o terreno da intervenção, projetando-se aí por via pedagógica, na linha de inteletuais "de antanho" como Gramsci, (perdoem-me esta utilização de um clássico do pensamento para a ação) - agindo analisando e retomando a ação

Trata-se de uma linha incomum em Portugal, onde maioritariamente existe quem academicamente "reflita", e só isso, havendo ao lado quem militantemente intervenha (muito como vou mais fazendo, pois ajo mais que reflito, pelo menos na visão académica)

O Desenvolvimento, relevo, e na minha humilde opinião, surge inesperadamente e de fora das academias, isto é das reflexões abstratas, pois existe na vida económica quem não siga as correntes dos cursos de água, quem se atreva a fazer a via da contra corrente e, olhando para os princípios geradores das pequenas comunidades locais, entenda o seu âmago solidário e lhe dê valor, acrescentando pensamento, ação e organizações solidárias onde elas já existem, a maior parte das vezes informalmente e também, acentue-se já, quase que também só existe a memória desse comunitarismo solidário inerente às formações socio económicas centradas nas pequenas comunidades humanas, de base artesanal/rural.

Sigo, ao tempo, a via de análise das evoluções económicas na linha dos saltos qualitativos, na sequência de crescendos quantitativos, geradores de momentos de Inovação e, por tal, de gestação de lógicas desenvolvimentistas, que integram crescimentos, inovações, e mutações, tecnológicas, sociais, filosóficas e, por isso, vivenciais, individuais e coletivas e por aqui abordarei os textos de Eduardo Figueira.

Por seguir essa via entendo bem que, para Eduardo Figueira, os pilares do Desenvolvimento Local sejam – a) tudo parte do Local; b) a raiz da economia local foi e tem de voltar a ser a cooperação e a participação; c) as economias locais são obrigatoriamente de dimensão reduzida polivalentes e integradas; d) hodiernamente, não haverá Desenvolvimento Local sem dinâmicas globais onde ele se integre, o que cada vez mais é mais possível e exigível; e) nada de se confundir organizações locais com gestões globais, com as organizações do desenvolvimento local!

Neste contexto insere-se, com elevada intencionalidade, a economia solidária que busca neste tempo de egoísmos, locais e nacionais, projetar as raízes do comunitarismo para os dias de hoje procurando inserir os grupos desfavorecidos, local e globalmente abandonados, à sua sorte e, com eles, gerar organizações e práticas solidárias que, dinamizando o local, reforcem a sua relação regional, nacional e global

No entanto, esta visão solidária não é, ainda, a visão dominante na economia local em Portugal, enquistada que ficou numa cultura local bloqueada pelas influências globais, oriundas da versão conservadora do mundo da igreja católica e do regime salazarista, que travaram uma integração da agricultura com a indústria e os serviços e alimentaram uma cultura de isolacionismo, em todo o interior de Portugal, o que releva a ideia de Eduardo Figueira da inseparabilidade dos conceitos, no Desenvolvimento Local, de Cultura e Território, inseparáveis que estão se se pretende um desenvolvimento territorialmente sustentável.

Mas a visão bloqueante acima referenciada, confrontada com a descoberta do mundo que a guerra colonial e a emigração geraram, e não havendo internamente ao espaço europeu português, lugar a incentivo à mudança dessa visão, conduziu o país, como recorda muito bem Eduardo Figueira, ao processo de desertificação do interior e de sobre ocupação do litoral português, assim como ao afastamento de percentagens demasiado significativas e em moldes demasiado acelerados das populações do Ambiente rural para o urbano, melhor semi urbano porque periférico às urbes, e aos isolamentos, em caixotes de cimento armado, longe dos processos que dinamizam a economia solidária e as organizações do desenvolvimento local

Curiosamente no litoral as populações não foram incentivadas à conquista do mar, (esse território que faz de Portugal um imenso espaço), bem pelo contrário, como realça também Eduardo Figueira que acentua o grave erro de estratégia do Estado português e dos governos sucessivos que foi o abandono da agricultura e das pescas

Sem apoio, as comunidades locais esvaneceram-se e o tempo é curto para ressurgirem novas comunidades nos novos ambientes em que se confrontam e sem políticas eficazes de investimento e de apoio à produção e à distribuição de bens e serviços em lógicas comunitárias, levantando a duvida do existir alguma maldade da UE nessas políticas de desinvestimento ou de baixo investimento que foi incentivando desde 1986 até 2011.

Os princípios que norteiam esta coletânea de textos de Eduardo Figueira estão espalhados livro fora, espelhando o pensar do seu autor, mas vale a pena focalizar nesta citação esclarecedora:

O desenvolvimento económico e social de um território não é feito com base apenas no crescimento económico como muita gente pensa consciente ou inconscientemente. O Desenvolvimento económico e social de um território é um processo mais abrangente do que o crescimento económico uma vez que para haver desenvolvimento, além de crescimento económico, é necessário haver igualdade de oportunidades, distribuição justa da riqueza produzida, justiça social e resolução dos problemas de todos sem deixar ninguém de fora. Por outro lado, um verdadeiro sistema democrático assenta em princípios que protegem não só os direitos humanos fundamentais de todos os cidadãos como as suas liberdades expressão e de religião e as oportunidades de participação na vida política econômica e cultural da sociedade" (pag. 57)

Integra ainda nas suas reflexões Eduardo Figueira o conceito que aproxima do de desenvolvimento local, que é o de Região Aprendente/Organização Aprendente, que parte da habilidade humana para a aquisição de saberes por via da auto aprendizagem e do aprender-ao-longo-da-vida que hoje se adapta bem à ideia da formação continua fortemente, na verdade relacionada com a capacidade humana de sobrevivência e que o leva a assumir que estamos perante uma Região Aprendente quando

"a inovação económica e social é obtida através da aprendizagem resultante da cooperação entre as entidades de educação e formação e os atores locais (Nyhan, Attwell & Deitmer, 1999)"

Como acentua portanto Eduardo Figueira "Um País não pode ser considerado desenvolvido enquanto tiver uma região subdesenvolvida", o que nos conduz para uma visão da economia baseada na solidariedade entre as comunidades múltiplas que a integram e, portanto, nos empurra a um debate que Eduardo Figueira também aponta que é o da economia solidária no âmbito do desenvolvimento local, mas já enquanto uma das visões especificas do mesmo. Neste campo Eduardo Figueira, fazendo-me recordar dos pressupostos que se procurou dinamizar na ANIMAR, defende assim que

"A sustentabilidade económica e política das organizações da economia social e solidária assenta na sua vitalidade democrática e capacidade de promover iniciativas de natureza diversa, combinando objetivos económicos com propósitos politicos, sociais e ambientais no âmbito de interesses privados e / ou públicos. A vitalidade democrática constitui o segredo da mobilização de pessoas em redes de colaboração e solidariedade a vários níveis, garantindo soluções e resultados de longa duração melhor adaptados a diferentes situações. Esta forma organizativa constitui assim um caminho de esperança para encarar os desafios que se coloca às sociedades" (ruralidade)

Na realidade estamos em tempo de enquistamento nesta IV/V Globalização, onde se debatem, quase violentamente, as várias visões do mundo, uns, os Trumpianos, a assumirem o recuo face a esta Globalização mas por via de um xenofobismo medievalista, outros, os neo liberais Uesinos que se batem pela desregulamentação capaz de tornar a generalidade dos Povos e Cidadãos dependentes de 2 ou 3 centros globais, outros ainda amarrados a quiméricos sonhos já "suicidados" com a desagregação da URSS, e outros que se buscam por um encontro entre as Inovações de Saberes e Tecnologias, com a participação da totalidade dos cidadãos em lógicas democráticas que vão das decisões locais às globais, da Democracia na pequena comunidade até à efetiva democratização das instancias, nacionais supranacionais até à ONU, ou da economia solidária e participativa local até à economia solidária e participativa Global e num contexto de reconhecimento da Diversidade Humana e da sua interpenetração assim como da premente preservação das Diversidades Ecológicas que compõem o conjunto do planeta Terra.

Será neste debate também Local e Global que, com prazer, quem ler esta obra refletirá sobre as dinâmicas de mudança que Eduardo Figueira sugere e pelas quais no terreno da economia, do social e da política, se bate.

Ora este debate é realmente O Verdadeiro Debate, aquele que vai para além das comezinhas distribuições de prebendas, ou das propagandas ideologizadas, ou dos marketing manipuladores, pois potencia a reflexão que urge fazer para que um outro Futuro surja em especial para as Futuras Gerações.

E, gostemos ou não, neste tempo de incertezas crescentes e até aterrorizadoras, urge pensar o Futuro antes que um Presente feito de totalitarismo, violência, xenofobia e sobre elitismo tome de assalto os Poderes, politico, económico, social e cultural e urge ter como adquirido que não há Global sem que o Local esteja presente e o enquadre, assim como não haverá economia sem que a mesma integre o cimento que sustenta as comunidades, a Solidariedade.

Diz a OXFAM que 1% da população detém o mesmo montante de riqueza que 99% da População Global e esta aterradora realidade vem acentuar a importância mais que da Redistribuição da Riqueza a da Redistribuição dos seus processos de Gestão, dando à Cidadania o papel que lhe foi retirada com a neo liberalização da economia, com a desregulamentação da produção e da distribuição dos Bens e Serviços assim como do desastroso bloqueamento da Livre Circulação de Pessoas quando se vive num contexto de Livre Circulação de Bens e Serviços

Ora, há que não esquecer que foram os movimentos no sentido da concentração das atividades económicas que potenciaram esta aterradora inexistência de Distribuição da Riqueza e que essa concentração está na base da incapacidade de gestão equilibrada das Pessoas, das Organizações de dos Saberes/Tecnologias.

Ficamos pois todos os que lerem esta coletânea de textos integrados, na lógica do Desenvolvimento Local, da sustentabilidade e da economia solidária especialmente enriquecidos, tanto no saber quanto na capacidade de melhor intervir Localmente para Mudar globalmente e travar os ímpetos destrutivos da Humanidade e da Natureza que os modelos económicos dominantes visivelmente implicam, o que é visivelmente o que pretende Eduardo Figueira.

Joffre Justino

NOTA INTRODUTÓRIA

A presente publicação tem por base um conjunto de reflexões sobre os temas *Desenvolvimento Local, Ruralidade e Regionalização* que o autor fez ao longo dos últimos quinze anos e que, na oportunidade, constituíram editoriais de Boletins da Associação Aliende, da Revista Vez e Voz editada pela ANIMAR, artigos de opinião na comunicação social (Imenso Sul), conferências realizadas por convite e alguns textos elaborados no contexto de candidaturas e projectos.

Após leitura atenta e crítica dos textos então escritos acerca dos referidos temas pode dizer-se que os conteúdos desses textos apresentam não só um forte traço de união (aprofundamento da democracia, igualdade de oportunidades, promoção do desenvolvimento local) entre si como ainda continuam bastante actuais. Por outro lado, face ao aprofundamento da crise que se vive na Região Alentejo, pareceu oportuno colocar estas reflexões à discussão de todos aqueles que se interessam pelas problemáticas do Desenvolvimento Local. Se esses escritos conseguirem provocar alguma discussão à volta das problemáticas do Desenvolvimento Local, Ruralidade e Regionalização, então valeu a pena fazer esta pequena publicação.

O livro está organizado em três capítulos. No primeiro são apresentados os escritos relacionados com a problemática do Desenvolvimento Local; no segundo são apresentados alguns textos que tratam o fenómeno da Ruralidade e da Agricultura Familiar; e, por último, o terceiro capítulo, apresenta textos relativos à questão da Regionalização. É, no entanto, relevante referir que os textos apresentados em qualquer um dos capítulos estão directa ou indirectamente relacionados com as problemáticas inerentes ao processo e estratégias de Desenvolvimento promovidas ao nível de territórios locais que, como o leitor poderá constatar, constitui uma das mais fortes preocupações e interesses do autor tanto em termos científicos e profissionais como em termos de cidadania.

A realidade que se vive nos territórios locais de baixa densidade, em geral, e da Região Alentejo, em particular, aponta para a necessidade imperiosa de promover estratégias de Desenvolvimento Local assente no pressuposto de que para haver Desenvolvimento é necessária uma profunda mobilização das comunidades locais para tomar em suas mãos o planeamento e implementação das acções, de forma integrada e amplamente participada, preservando a sua cultura e relacionamento com o território como forma identificadora e criadora de civilização em que a ruralidade deve ser assumida como um valor em si própria. A ruralidade é uma opção de civilização porque o território não condiciona em absoluto o bem-estar nem as expectativas de desenvolvimento dos seres humanos. São as relações entre os seres humanos e entre estes e o território que condicionam o processo de Desenvolvimento de qualquer LOCAL. De facto, qualquer processo de Desenvolvimento Local deve ser dirigido e implementado pelos próprios residentes para que possam reedificar, de forma inovadora e criativa, o território em que vivem sem, contudo, deixar apagar as características de identificação e coesão em relação ao seu território, cultura e forma de viver.

São Miguel de Machede, 31 de Dezembro de 2016

Eduardo Figueira

I

DESENVOLVIMENTO LOCAL

EDUARDO FIGUEIRA

1 – Desenvolvimento Local, Fonte de esperança para as Comunidades Locais do Alentejo Central[1].

A região do Alentejo Central, para além de partilhar com todo o Alentejo uma identidade cultural forte, possui importantes potencialidades que poderão (deverão) servir de base para o arranque e continuação de um processo de Desenvolvimento Sustentado. Essas potencialidades passam necessariamente pelo sector das rochas ornamentais (mármores e granitos) e pela agricultura e agro-indústrias, devendo estas últimas estar orientadas essencialmente para os produtos regionais certificados (designadamente vinhos, queijos, azeite, carne e horto-frutícolas) e ser promovidas e implementadas com base em uma filosofia de fileira sócio-económica e no quadro do sistema produtivo natural de *montado* em que o turismo de qualidade e o artesanato podem (devem) desempenhar papel relevante. De salientar como grande oportunidade de Desenvolvimento para o Alentejo Central, as características do ambiente sem graves problemas de "intoxicação" que, aliado à riqueza e especificidade do património histórico e cultural e alguns saberes tradicionais, constituem recursos que poderão servir de ponto de partida para o desenvolvimento da região. São bons exemplos desta afirmação a riqueza histórica e arquitectónica de Vila Viçosa, Monsaraz, a zona do castelo em Estremoz, Évoramonte e tantos outros; o turismo em espaço rural, o turismo de "desporto" em plena natureza, desde a caça à canoagem, os passeios a pé (quer sejam estes paisagísticos ou de visita a locais de interesse histórico), de bicicleta, a cavalo e até de balão; a diversidade de produtos artesanais como seja o Tapete de Arraiolos, os Barros do Redondo e de S.Pedro do Corval, os produtos da cortiça, as mobílias alentejanas e tantos outros menos conhecidos mas igualmente importantes como potencial de Desenvolvimento. Por outro lado, deve ainda referir-se como importante potencialidade, as relações

---

[1] O texto original foi escrito em co-autoria com Jorge Coelho, Director Executivo da ALIENDE

transfronteiriças que se poderão estabelecer com a Estremadura Espanhola.

Contudo, todas estas potencialidades podem prejudicar-se mutuamente se não forem desenvolvidas no quadro de uma estratégia de Desenvolvimento centrada nessas potencialidades e orientada no sentido de criar complementaridades e sinergias. Além disso, a ausência de tal estratégia de Desenvolvimento implica a saída dos mais novos da região ou leva-os a concentrar-se em determinados locais, provocando graves desequilíbrios sociais. Este desequilíbrio não só torna difícil o estabelecimento de projectos estáveis de vida pelas populações residentes com base nos recursos potenciais e naturais da região como ainda acelera o já grave processo de desertificação humana. É assim necessário e imprescindível a implementação de estratégias de Desenvolvimento que permitam e promovam a fixação e a atracção de população em geral e de recursos humanos em particular. Por outras palavras, qualquer estratégia de Desenvolvimento para a região tem de equacionar a questão demográfica e, por outro lado, tem de tomar em consideração a questão da participação activa da população durante o processo.

Há vários séculos que a economia da região tem por base a forte especialização em produtos primários, nomeadamente cereais, cortiça, gado e azeite. Esta especialização em produtos pouco diferenciados, embora também tenha as suas próprias potencialidades que devem ser aproveitadas, tem-se constituído como barreira ao surgimento de uma base sólida para o Desenvolvimento da região. Por outro lado, após a integração de Portugal na Comunidade Europeia, o modelo de produção do Alentejo baseado na expansão das áreas cultivadas e na utilização de grandes quantidades de mão-de-obra, começou a dar claros indícios de que o modelo estava esgotado. Impunha-se assim a concepção, implementação e utilização de abordagens alternativas de produção e desenvolvimento.

Embora sem se assumir inteiramente como modelo alternativo, o movimento de Desenvolvimento Local que surgiu praticamente ligado ao Programa LEADER, tem vindo progressivamente a afirmar-se como verdadeira solução alternativa à crise que se instalou e se vive no Alentejo, em geral, e no Alentejo Central, em particular.

De facto, as designadas Associações de Desenvolvimento Local (ADLs) têm vindo a afirmar-se como instrumento das comunidades locais para a concepção e implementação das estratégias de desenvolvimento para os seus territórios centradas nas potencialidades e recursos endógenos. Foi a partir desta realidade que a ALIENDE surgiu e definiu a sua orientação estratégica com o propósito de contribuir, de forma significativa, para a solução dos problemas que se colocam a um território local que se enquadra na sub-região Alentejo Central. Para além de valores e convicções defendidas pelos fundadores da Associação, a constituição da ALIENDE resultou, em grande parte, do projecto IDEIA-Alentejo. Esta organização sem fins lucrativos com a característica de ser uma rede de Associações de Desenvolvimento Local (ADLs) por congregar praticamente todas as ADLs do Alentejo, foi constituída com o objectivo estratégico de promover a criação de ADLs nos espaços alentejanos ainda não cobertos pela actuação deste tipo de entidades, tendo em vista fortalecer o movimento do DESENVOLVIMENTO LOCAL no Alentejo. Assim, a ALIENDE - Associação para o Desenvolvimento Local foi criada para promover e apoiar o Desenvolvimento Sustentado e Integrado de Âmbito Local, como forma de combater a desertificação humana e a exclusão social na região do Distrito de Évora. A sua filosofia de base assenta na convicção de que o Desenvolvimento é uma abstracção que apenas se concretiza no processo de Desenvolvimento Local e que este processo deve ter por base cinco princípios, considerados como pilares do Desenvolvimento Local:

1. *O Local deve ser visto, lido e interpretado como o **centro do mundo**.*

2. *A **participação e cooperação** de todos os actores locais (individuais e colectivos) constituem condição sine qua non*

para o sucesso de qualquer processo de Desenvolvimento Local.

3. A **integração** *de todos os sectores de actividade cria dinâmica e sinergias essenciais para o Desenvolvimento.*

4. *O processo de Desenvolvimento Local deve ser inserido em* **dinâmicas globais**

5. *O processo de Desenvolvimento Local deve ter uma* **gestão local**

Para atingir as finalidades a que se propôs, a ALIENDE definiu como acções estratégicas e prioritárias, as seguintes actividades:

- O desenvolvimento dos recursos humanos.
- A dinamização da actividade empresarial, incluindo turismo e artesanato.
- A protecção e valorização da cultura local, do ambiente natural e do património construído.
- A animação sócio-cultural.
- O apoio a grupos desfavorecidos.

No quadro dos princípios definidos e prioridades estratégicas estabelecidas, a ALIENDE considerou a *promoção do emprego* como a acção central, relevante e estratégica para a sua actuação. De facto, a criação de dinâmicas locais permanentes conseguidas através da **participação e cooperação** de todos os actores locais e pela **integração** de todos os sectores de actividade será mais facilmente obtida se assente em estratégias de promoção de emprego. Em particular, a **dinamização da actividade empresarial** e o **apoio a grupos desfavorecidos** serão tanto melhor sucedidos quanto maior for o contributo para a inclusão social através, designadamente, da promoção de **EMPREGO.** Isto é, a promoção de EMPREGO assume natureza estratégica para o Desenvolvimento Local do Alentejo uma vez que, ao contribuir para a inclusão social, promove directa e indirectamente a criação de dinâmicas locais permanentes que desempenham papel imprescindível em qualquer processo de Desenvolvimento Local.

Definir objectivos estratégicos no quadro de um programa de Desenvolvimento Local para uma região que, como o Alentejo Central, sofreu sucessivas perturbações estruturais durante as últimas décadas e, como consequência, está submetida a um processo de desertificação humana e física que urge inverter, não constitui tarefa fácil. De facto, as perturbações recentes que afectaram a produção e recursos tradicionais, e a desertificação do território, reflectidas no ambiente e nos recursos naturais e construídos assim como a incidência negativa que tem exercido sobre a cultura tradicional e formas tradicionais de coesão e de sociabilidade, constituem um quadro complexo cujo diagnóstico e compreensão dificulta o estabelecimento de metas e estratégias adequadas à promoção de um verdadeiro processo de Desenvolvimento Local. Por outro lado, a experiência tem mostrado que medidas e estratégias concebidas e implementadas sem integração e envolvimento activo das populações residentes não têm capacidade para promover o progresso sustentado para o território e comunidade residente. É assim necessário e fundamental que objectivos, estratégias e medidas sejam definidos no quadro de uma concepção integrada de Desenvolvimento Local centrada na participação social dos indivíduos e orientada para uma forte solidariedade e coesão entre as comunidades e o território. Esta leitura da realidade que se vive em todo o Alentejo, em geral, e no Alentejo Central, em particular, levou a ALIENDE a definir como objectivo estratégico da sua actuação a forma participada e integrada de construir e implementar as estratégias de Desenvolvimento para os territórios locais. Este objectivo estratégico tem por fundamento o facto da eficácia de uma estratégia de desenvolvimento local requerer um rigoroso recenseamento do território e dos seus recursos, humanos, sociais e culturais, e assentar no pressuposto de que para haver Desenvolvimento é necessária uma profunda mobilização das respectivas comunidades locais. A eficácia das estratégias de desenvolvimento local está essencialmente dependente do facto das respectivas comunidades locais tomarem em suas mãos o planeamento e implementação das acções, preservando a sua cultura e relacionamento com o território como forma identificadora e criadora de civilização. No caso dos territórios rurais, a matriz cultural e civilizacional tem por base a ruralidade que deve ser assumida pelas comunidades locais como um valor em si própria e como uma opção de civilização uma vez que o território, por si mesmo, não condiciona em absoluto o bem-estar nem as expectativas de desenvolvimento dos seres humanos. São as relações entre os seres humanos e entre os seres humanos e o território que condicionam o processo de Desenvolvimento de qualquer micro-região. Neste sentido, a actuação da ALIENDE orienta-se pela filosofia de agente facilitador do processo de Desenvolvimento Local dirigido e implementado pelas respectivas comunidades locais com o propósito de reedificar, de forma inovadora e criativa, o território desertificado em que vivem. No quadro desta filosofia de actuação é relevante referir que o processo de reedificação inovadora do território passa necessariamente pela atribuição de novas funções e papéis complementares aos recursos humanos residentes no território, sem, contudo, deixar apagar os factores de identificação e coesão dos indivíduos e das comunidades em referência ao seu território, cultura e forma de viver.

2 - CULTURA, TERRITÓRIO E DESENVOLVIMENTO LOCAL

A *Cultura e o Território* e a relação permanente, adequada e inovadora estabelecida entre si constituem um ingrediente base para a promoção do *Desenvolvimento Sustentado* de qualquer LOCAL. Esta a mensagem trazida de *Cimego*, uma pequena comunidade localizada nos Alpes Italianos, mais precisamente na *Província Autónoma de Trentino* que o autor teve o privilégio de visitar e contactar durante a segunda semana do mês de Agosto do ano de 2007. *Cimego* é uma pequena comunidade afastada dos grandes centros urbanos que tem vindo a lutar contra a desertificação humana promovendo o seu Desenvolvimento com base no relacionamento entre a sua *Cultura* e o *Território* onde vive. A experiência vivida e resultados que a comunidade de *Cimego* conseguiu alcançar confirmam que, de facto, *Cultura e Território* constituem duas dimensões inseparáveis do desenvolvimento sustentado e sustentável de qualquer Território Local. Em *Cimego* o processo de Desenvolvimento em curso utiliza de forma inovadora o património construído e a riqueza ambiental, as tradições e os saberes tradicionais como base para afastar de si o pesadelo da desertificação humana. Um exemplo desta estratégia é a utilização de uma forja construída no século XVII que utiliza a água como força motriz para accionar todos as ferramentas para trabalhar o ferro. Esta forja, para além de continuar a ser utilizada para produzir peças em ferro forjado, está integrada numa rota turística que, para além dos artefactos humanos, integra paisagens de rara beleza. Por outro lado, uma vez por ano, *Cimego* vive e dá a conhecer a quem a visita, a forma de vida dos tempos medievais. Esta *mostra cultural* organizada autonomamente pela população de *Cimego* inclui não só alimentação como também jogos, teatro e música típicos na época medieval daquela região. A *mostra cultural* está organizada em termos de roteiro com diversas estações de paragem nas quais são oferecidas aos visitantes os diversos aspectos culturais. A avaliar pelo imenso número de visitantes, a *mostra cultural* constitui de facto um exemplo forte de como a cultura constitui base importante para o desenvolvimento. *"Fazer obra através da cultura"* é pois um dos lemas que *Cimego* utiliza como força para promover e manter em marcha o processo de Desenvolvimento sustentado do seu Território e Comunidade. *Cimego* exemplifica bem como o território por si só, embora possa influenciar, não determina em absoluto o presente e o futuro do bem-estar dos indivíduos e das comunidades locais. São, como o autor já afirmou algures, as relações entre os seres humanos e entre estes e os territórios em que vivem e trabalham, que condicionam o progresso e o bem-estar das comunidades locais. Assim sendo, no que diz respeito aos territórios de baixa densidade de características rurais, pode dizer-se que a *ruralidade* é uma forma muito própria de uma comunidade local rural, em estreita relação com o território onde vive, assumir e viver a civilização. De facto, a ruralidade tem dentro de si os princípios que orientam as comunidades locais de territórios rurais no sentido do seu desenvolvimento, combinando a *preservação* de todas as tradições e aspectos que as identifica com a *eliminação* de tudo aquilo que as impede de desenvolver. Isto porque, a ruralidade, sendo parte integrante do património de uma comunidade e do seu território, constitui base fundamental para o estabelecimento dos objectivos estratégicos para o Desenvolvimento dessa comunidade e desse território.

Face à experiência de *Cimego* pode concluir-se que criar, manter e desenvolver formas inovadoras e adequadas de relacionamento com o território em que se vive, constitui a base essencial para o desenvolvimento sustentado de qualquer comunidade humana. Isto é, uma comunidade só poderá aspirar ao desenvolvimento sustentado do Território onde vive e, portanto, a uma melhor qualidade de vida na medida em que for capaz de promover a mudança adequada às realidades desse território e às necessidades de todos aqueles que nele vivem. De facto, são as relações que os seres humanos estabelecem e mantêm com o território que constituem a base do desenvolvimento continuado e sustentado de qualquer Comunidade Local. Por isso, todos os indivíduos devem desempenhar funções e papeis que estejam de acordo com as suas necessidades e aspirações e que, simultaneamente, preservem a identidade e contribuam para a contínua renovação da comunidade do LOCAL em que se inserem.

Este deve ser também o caminho das comunidades que vivem em territórios de características rurais como é o caso da grande maioria dos territórios locais do Alentejo. Aliás, a eficácia e adequação deste tipo de intervenção ficaram bem demonstradas tanto pelas actividades desenvolvidas como pela experiência e dinâmica adquiridas pelas comunidades da Zona de Intervenção do então designado *Centro Rural de Montoito* promovido e apoiado pelo programa *Promoção do Potencial de*

Desenvolvimento Regional (PPDR) implementado no Alentejo nos anos 2000. Esta experiência mostrou que o Desenvolvimento de territórios e comunidades locais com características rurais tem por base a participação activa da população residente e só poderá sustentar-se se estiver centrado nos valores individuais, sociais e culturais assim como nas expectativas e aptidões daqueles que lá vivem. Como o autor já referiu algures, um processo de desenvolvimento sustentado deve tomar em consideração os seguintes princípios:

- O Desenvolvimento deve ser feito por todos os indivíduos tendo em vista melhorar a qualidade de vida para toda a comunidade. Isto é, o *Desenvolvimento é para todos e não apenas para alguns !*

- O Desenvolvimento só pode ser chamado Desenvolvimento se integrar as necessidades e perspectivas de todos. É necessário que todos participem no processo de Desenvolvimento. A *participação dos cidadãos é condição essencial para que haja Desenvolvimento.*

- O conhecimento humano é um conhecimento colectivo e ninguém tem o dom de saber tudo. Portanto, a solução dos problemas do local, região ou país onde se vive, passa pela contribuição do conhecimento de cada um dos residentes. Isto é, a *solução dos problemas da sociedade apela para a participação de cada cidadão.*

- Desenvolvimento é um processo de aprendizagem, um processo que será sempre inacabado. É, pois, um processo que se alimenta dos problemas que surgem e cuja solução é preciso encontrar para a continuação do processo. *Todos temos o direito e o dever de manter o processo em marcha.*

- O Desenvolvimento é um processo que só é real quando enquadrado nas realidades do mundo em que vivemos. O Desenvolvimento é um conceito abstracto que só se concretiza ao nível do local. Por isso, *sem Desenvolvimento Local, não há Desenvolvimento* (Regional ou Nacional).

- O Desenvolvimento não se processa nem pode ser concebido por sector de actividade. O Desenvolvimento para que possa ser realmente Desenvolvimento, terá de atender a todas as dimensões da vida humana: social, cultural, económica e lazer. O *Desenvolvimento é pois um processo integrado e abrangente*.

- O Desenvolvimento não deve considerar apenas as potencialidades existentes no local. O processo de Desenvolvimento tem de considerar as complementaridades oferecidas por outros locais e a outros níveis: regional, nacional e mesmo europeu. Isto é, o *Desenvolvimento tem uma dimensão local e outra global que pode ser trans-local, trans-regional e mesmo trans-nacional*.

- O Desenvolvimento é um processo centrado nos seres humanos e, como tal, não pode ser alheio aos valores humanos, sociais e culturais da sociedade em que se processa. O Desenvolvimento tem de tomar em consideração a solidariedade social. Um *País não pode ser considerado Desenvolvido enquanto tiver uma região sub-desenvolvida*.

A finalizar considera-se relevante referir que as características ambientais, a riqueza e especificidade do património histórico e cultural e alguns saberes tradicionais constituem recursos que, através de iniciativas bem conduzidas poderão constituir bases importantes para a promoção e dinamização do Desenvolvimento Sustentado de comunidades locais rurais. A riqueza cultural, histórica e arquitectónica, o artesanato e a produção de produtos regionais certificados constituem actividades com grande potencial nas comunidades e territórios do então designado **Centro Rural de Montoito** que se enquadram bem no espírito da filosofia de desenvolvimento sustentado acima enunciada. É pois necessário e essencial que as comunidades, indivíduos e colectividades dos territórios rurais do Alentejo se mobilizem no sentido de identificar os seus recursos e aptidões e participar na definição de um projecto colectivo que, de uma forma inovadora, utilize a ruralidade como força motriz do seu Desenvolvimento.

3 - DESENVOLVIMENTO LOCAL E REGIÃO APRENDENTE

Face ao conceito de *Região Aprendente* coloca-se a dúvida sobre se este conceito substitui ou é sinónimo do conceito de *Desenvolvimento Local* ou, pelo contrário, vem reforçá-lo. Tendo por base os pressupostos em que se baseiam os dois conceitos pode dizer-se que os dois conceitos referem-se a processos próximos ou mesmo similares, a partir de perspectivas diferentes.

O conceito de Região Aprendente parece emergir seguindo a linha de pensamento que levou ao aparecimento do conceito de Organização Aprendente. De facto, à luz do pressuposto de que os seres humanos aprendem ao longo de toda a sua vida, ambos os conceitos - Organização Aprendente e Região Aprendente – tomam por base, directa ou indirectamente, a habilidade dos seres humanos em adquirir a capacidade para a auto-aprendizagem como ainda a natural característica de aprender-ao-longo-da-vida. Este processo, recentemente tratado como se de um novo conceito se tratasse, constitui de facto a reinvenção de um pressuposto já de todos bem conhecido. De facto, desde sempre que as pessoas, nomeadamente as de idade mais avançada, quando constatam que tomaram conhecimento de algo até ao momento desconhecido ou adquiriram uma nova capacidade ou habilidade que lhes permite resolver determinada situação, dizem, em tom misto de admiração e de reconhecimento, "aprender até morrer". Pode assim dizer-se que a aprendizagem-ao-longo-da-vida constitui um velho pressuposto relacionado com a vida humana que, recentemente, adquiriu nova importância essencialmente no quadro da problemática da formação contínua. Contudo, este pressuposto vai para além da problemática da formação contínua. Isto é, a capacidade de aprender ao longo da vida constitui uma das características essenciais da vida humana e está estreitamente ligada à própria capacidade de sobrevivência. A mesma ideia se pode aplicar ao conceito de *Organização Aprendente*. Ou seja, toda e qualquer organização aprende ao longo da sua existência e esta capacidade constitui-se como uma das características essenciais para a sua própria sobrevivência. Neste sentido, o conceito de Região Aprendente pode também ser explicado na mesma linha de pensamento. Isto é, a Região Aprendente é toda aquela que é capaz de aprender ao longo da sua existência de forma a não só manter as suas características como ainda, e fundamentalmente, desenvolver-se a si própria de forma a propiciar aos cidadãos residentes (e visitantes) melhor qualidade de vida. No entanto, outras abordagens olham para o conceito de Região Aprendente no quadro da cooperação entre instituições de ensino e formação com os actores de comunidades locais ou regionais. Nesta perspectiva, Região Aprendente pode ser vista como aquela em que a inovação económica e social é obtida através da aprendizagem resultante da cooperação entre as entidades de educação e formação e os actores locais (Nyhan, Attwell & Deitmer, 1999).

Não se coloca em dúvida de que a inovação social e económica (e, portanto, de desenvolvimento local) possa resultar da cooperação entre entidades de educação e formação e actores locais. No entanto, é importante referir que processos de inovação social e económica (e, portanto, de desenvolvimento local) podem ser promovidos e implementados a partir de outros tipos de cooperação e organização ao nível local. Por exemplo, a actuação das entidades conhecidas por Associações de Desenvolvimento Local (ADLs) cujo papel consiste, essencialmente, em promover e facilitar o Desenvolvimento Local no território em que se localizam, promovem a cooperação a nível dos territórios locais em que intervêm. Para melhor compreensão desta problemática é importante referir que, na maioria dos casos, a génese de uma ADL assenta na motivação e interesse de alguns actores, cidadãos residentes e não residentes no LOCAL (área de intervenção da ADL) para contribuir para a solução de problemas aí vividos e conseguir despoletar o Desenvolvimento desse Local, através da promoção da participação de todos os actores (indivíduos e organizações) que de alguma forma estão relacionados com esse Local. Isto é, a essência do processo de Desenvolvimento Local está no facto de se conseguir que os actores locais se interessem pelos problemas existentes e participem activamente na procura da sua solução, buscando para o efeito as ajudas externas e internas consideradas mais adequadas. Ou seja, é necessário que esse território e correspondente comunidade sejam capazes de enfrentar os desafios que vão surgindo tendo em vista o seu contínuo desenvolvimento. Pode então dizer-se que para haver Desenvolvimento Local é necessário que esse LOCAL (comunidade + territótio) saiba aprender ao longo da sua existência. Por outras palavras, o processo de Desenvolvimento Local acontece quando esse LOCAL tem a capacidade de aprender-ao-longo-da-vida e, como tal, pode considerar-se um *Local Aprendente*.

É importante notar que o termo Região no conceito Região Aprendente é interpretado de uma forma lata para referir um território com problemas e objectivos comuns, não sendo por isso tomado na perspectiva política do conceito de Região. As características inovadoras que distinguem a Região Aprendente assentam na cooperação entre os diversos parceiros e actores para a resolução dos problemas que se colocam em determinado contexto Local. No entanto, dada a possibilidade de o conceito vir a ser interpretado na perspectiva política (e mesmo geográfica), considera-se mais adequado usar o termo LOCAL APRENDENTE.

Em resumo, pode dizer-se que um LOCAL está sujeito a um processo de Desenvolvimento Local quando esse LOCAL for um *Local Aprendente*. Assim sendo, pode concluir-se que os conceitos *Desenvolvimento Local* e *Local Aprendente*, não sendo sinónimos porque partem de pressupostos diferentes, referem processos que estão estreitamente relacionados.

4 - ASSOCIATIVISMO E DESENVOLVIMENTO LOCAL

É sabido que o *Ser Humano,* para além de ter a característica de ser gregário por excelência, necessita dos outros seres humanos para sobreviver. Entre outros sentimentos, o *Ser Humano* sente uma sensação agradável de bem-estar, segurança e paz quando se sente parte integrante de um grupo como seja uma comunidade local ou uma sociedade. Por outro lado, as pessoas teriam muita dificuldade em sobreviver sem o apoio dos outros que as rodeiam. De facto, seria impensável que, nos tempos que correm, cada indivíduo tivesse de ser simultaneamente agricultor, artesão, médico e muitos outros ofícios. Para além disso, os seres humanos necessitam da companhia e do afecto de outros. Isto é, os seres humanos são seres que necessitam de estabelecer relações entre si e de viver em conjunto para satisfazer as suas necessidades. É por esta razão que se pode dizer que os seres humanos se caracterizam pelo uso de processos de entreajuda, solidariedade e cooperação. Por outras palavras, as pessoas necessitam de se agrupar para resolver, de forma mais adequada, os problemas e desafios que vão surgindo ao longo da vida. É assim que surgem os mais diversos tipos de grupos sociais como sejam a *família*, a *comunidade* e a *associação*.

As comunidades formam-se, normalmente, com base em determinado território como é o caso de uma aldeia. Pelo seu lado, as associações formam-se, em geral, com base na realização de um objectivo comum, como é o caso de uma cooperativa agrícola. Nas comunidades verificam-se relações intensas e afectos fortes entre as pessoas. Nas associações as pessoas têm um envolvimento menos intenso e permanecem associadas enquanto considerarem que a sua permanência na associação lhes é útil. Pode assim dizer-se que em qualquer sociedade podem existir diversos tipos de associações. Por exemplo, no meio rural e, mais propriamente no sector agrícola, podem existir diversos tipos de associações como sejam associações de agricultores, cooperativas agrícolas, caixas de crédito agrícola mútuo e sindicatos agrícolas, entre outras.

O processo associativo, contudo, não serve apenas para resolver problemas comuns das pessoas. É importante lembrar que a *UNIÃO FAZ A FORÇA* e que por isso o movimento associativo pode desempenhar papel fundamental na procura de soluções para os problemas que enfrentam os mais pequenos no contexto do Desenvolvimento Local. Um dos grandes problemas e desafios que se coloca, nesta era da globalização, aos pequenos produtores, sejam eles agricultores, artesãos ou industriais, é a necessidade de aceder aos mercados. Este acesso ao mercado pode ser efectuado de forma mais eficaz e rentável se os pequenos produtores se juntarem para esse efeito. Por exemplo, os pequenos produtores de queijo e de enchidos podem mais facilmente vender os seus produtos a melhor preço se trabalharem em conjunto para esse objectivo. Isto é, os pequenos agricultores e os pequenos artesãos assim como os pequenos comerciantes e os pequenos industriais podem, através do processo associativo, encontrar soluções para questões que isoladamente dificilmente conseguiriam resolver.

Neste sentido, considera-se pertinente em termos de Desenvolvimento Local que a nível local se promova a criação de uma associação que reúna todos os pequenos produtores (agricultores, artesãos, industriais e comerciantes) que servisse não só para criar e gerir a Marca de Qualidade dos seus produtos como também tomasse em suas mãos todo o processo de comercialização dos produtos do território.

5 - AGRICULTURA FAMILIAR E DESENVOLVIMENTO LOCAL

De todos os sectores da produção, o sector agrícola é aquele em que mais se verifica a associação da família com a produção. De facto, no sistema agrícola familiar, a unidade de produção (empresa agrícola) está estreitamente relacionada com a unidade de consumo (família agrícola), verificando-se que as decisões relativas à produção estão quase sempre inter-relacionadas com as decisões de consumo. Isto verifica-se pela necessidade de retirar da exploração os produtos agro-pecuários para consumo da família como ainda pelo facto de ser necessário obter rendimento suficiente para fazer face não só aos investimentos requeridos pela exploração agrícola como ainda às necessidades da família em termos de consumo, saúde, conforto, educação e mesmo lazer. Pode assim dizer-se que existe uma verdadeira interdependência entre exploração, família, produção e rendimento agrícolas. Por outras palavras, a agricultura familiar caracteriza-se fundamentalmente pelo facto de existir uma íntima ligação entre empresa e família por um lado e entre propriedade e trabalho por outro. De referir, no entanto, que no território da Zona de Intervenção do então designado **Centro Rural de Montoito**, a associação entre família e produção acontece também no sector agro-industrial.

Na Região Alentejo existiam, nos últimos anos do século 20, cerca de 45000 empresas agrícolas que, na sua maioria (cerca de 90%), eram geridas pela família e empregavam sobretudo força de trabalho exclusiva ou maioritariamente familiar (Rosária Casinha, 2000). Face ao peso relativo (23%) que esses agregados familiares representavam no conjunto das famílias da Região e aos diversos papéis económicos e sociais que desempenhavam (e continuam a desempenhar) no Desenvolvimento regional, as empresas agrícolas familiares constituem condição indispensável à promoção do Desenvolvimento nos territórios locais da Região. De facto, as empresas agrícolas familiares constituem não só estrutura básica com papel decisivo na inversão do preocupante processo de desertificação humana como ainda dão importante contributo para a economia da região (produção agrícola, artesanato e turismo) e desempenham papel relevante e insubstituível na preservação do meio ambiente natural.

No entanto, para que a agricultura familiar possa continuar a existir e a desempenhar esse papel importante no Desenvolvimento Local e na economia do mundo rural, é fundamental que as famílias agrícolas apliquem senão o total pelo menos parte da mão-de-obra nas suas próprias explorações. Isto só será, no entanto, possível, se as famílias agrícolas tiverem assegurado o rendimento necessário para poder viver no seu meio e condições mínimas que lhes permitam satisfazer as suas necessidades em termos sociais, educação e de lazer. É, pois, evidente que as pequenas empresas familiares agrícolas são essenciais, ou mesmo, indispensáveis, nas estratégias de desenvolvimento a promover e implementar nos diversos territórios locais da região Alentejo. É assim não só fundamental chamar a atenção dos responsáveis políticos para este facto como ainda importante e relevante agradecer a todos os que de forma corajosa continuam a povoar o meio rural e a manter e preservar o nosso meio ambiente.

6 - UMA IDEIA EM DEFESA DO ALENTEJO[2]

O Desenvolvimento não se oferece, reclama-se. De facto, e infelizmente para os Alentejanos, a situação crítica que se vive no Alentejo é a prova evidente da veracidade daquela afirmação. Por um lado, os responsáveis deste País, talvez devido ao relativamente fraco peso eleitoral representado pelos Alentejanos e ao baixo nível de influência que estes exercem junto da opinião pública, não têm praticado a solidariedade para com o Alentejo, valor fundamental para o desenvolvimento de qualquer sociedade democrática e tão necessário ao Desenvolvimento das territórios e comunidades menos desenvolvidos dessa mesma sociedade/País. Por outro lado, os Alentejanos, certamente por constituírem uma população relativamente reduzida, não têm conseguido reclamar os seus legítimos direitos ao Desenvolvimento e à qualidade de vida que merecem alcançar.

A questão do Desenvolvimento é, no entanto, bem mais complexa do que a forma como acima foi colocada. Em primeiro lugar, é fundamental não esquecer que o Desenvolvimento de um País não se faz desenvolvimento umas regiões em detrimento de outras. Isto porque as assimetrias regionais daí decorrentes constituem um estigma no processo de Desenvolvimento e, além disso, sendo fontes de descontentamento social, podem constituir-se como núcleos geradores de conflitos sociais. Com efeito, nenhum país se pode arrogar o direito de se considerar como desenvolvido enquanto tiver pelo menos uma Região ou um Local subdesenvolvido! Em segundo lugar, é importante fazer lembrar que as assimetrias regionais promovem e alimentam o

---

[2] Tem por base o artigo publicado no jornal *Terras do Cante*, Ano II, 1ª Série, N°18, Setembro de 1995.

fluxo migratório das zonas menos desenvolvidas (ou subdesenvolvidas) para as regiões mais desenvolvidas, isto é, não só provocam a desertificação humana das zonas mais desfavorecidas como aumentam a pressão demográfica nas zonas mais ricas, podendo criar nestas problemas e tensões sociais cuja remediação é normalmente mais cara do que financiar e promover o Desenvolvimento das zonas menos desenvolvidas. Em terceiro lugar, é relevante referir que o processo de Desenvolvimento, sendo um conceito abstracto, só poderá ser concretizado ao nível LOCAL (comunidade+território) através de estratégias do que se designa por DESENVOLVIMENTO LOCAL. Isto porque não é possível provocar e promover processos de Desenvolvimento sem a participação efectiva dos cidadãos destinatários desses processos. Não se faz Desenvolvimento *para* as pessoas; o Desenvolvimento é feito *com* e *para* as pessoas. É, aliás, fundamentalmente devido ao facto de a participação activa dos cidadãos constituir um aspecto inerente ao processo de Desenvolvimento que este não passa de um fenómeno abstracto, muitas vezes inconsequente e por vezes até perverso, se não tiver por base processos de Desenvolvimento Local. De facto, o LOCAL, é o sítio (comunidade+território) onde estão as pessoas *com* e *para* as quais se faz o Desenvolvimento. Assim sendo, o chamado Desenvolvimento Regional (e Nacional) realmente apenas existe quando enquadrar e estiver assente em processos e estratégias de DESENVOLVIMENTO LOCAL de cada local existente no respectivo território regional (ou nacional). No quadro desta perspectiva não será, pois, de estranhar que se entenda o *desenvolvimento económico* como mero *crescimento económico* e, nesta qualidade, como um meio ou instrumento do processo de Desenvolvimento, seja este entendido ao nível do espaço local, regional ou nacional. Por outras palavras, o *desenvolvimento económico* deve ser entendido e utilizado como meio para atingir o objectivo estratégico que é o Desenvolvimento da Sociedade Humana. Com efeito, o Desenvolvimento que significa "retirar as amarras" só cumprirá os seus objectivos se estiver centrado no desenvolvimento das comunidades e dos indivíduos que as constituem. Assim sendo, o processo de Desenvolvimento pressupõe, ou melhor, requer um conjunto de princípios que a seguir se enunciam e definem:

1. *Abordagem integrada*, uma vez que só tomando em consideração os diversos sectores de actividade da vida humana e as complementaridades e sinergias daí decorrentes se poderá pôr em marcha um processo de Desenvolvimento Local sustentável;

2. *Gestão local*, já que é ao nível local, mercê do conhecimento concreto das realidades, que melhor se pode promover e dinamizar o Desenvolvimento tendo por base as necessidades, sentidas e não sentidas, dos indivíduos e das comunidades. Com efeito, numa região como o Alentejo, caracterizada por um envelhecimento populacional acentuado e por um tecido empresarial muito débil e ainda sujeita a um processo acelerado de desertificação humana, é fundamental criar condições e promover um maior protagonismo dos actores locais de modo a responsabilizar quem está mais próximo das realidades. Aliás, está mais que confirmado que não existe Desenvolvimento sem a participação activa e responsável dos actores e destinatários locais no seu próprio processo de Desenvolvimento.

7 - O ALENTEJO E A DESERTIFICAÇÃO

Qualquer iniciativa com o propósito de alertar e sensibilizar os portugueses para o problema da desertificação do interior do território é bem-vinda. Bem-vinda porque o processo de desertificação das regiões do interior constitui um factor negativo para o desenvolvimento regional e local e, como tal, dever ser alvo de reflexão e análise para permitir a concepção e implementação de medidas que minimizem e contrariem esse fenómeno demográfico. Foi dentro deste espírito que foi criado e implementado o PRÓ-ALENTEJO, no âmbito de QCA (2007-2013) anterior. Face ao sucesso alcançado e à realidade que se vive nos territórios locais do Alentejo seria muito relevante para o

Desenvolvimento desses territórios a criação e implementação da segunda geração do Programa.

No que se refere ao fenómeno de desertificação das regiões e locais do interior é necessário, em primeiro lugar, chamar a atenção para o facto de a desertificação física e ambiental, consequência da perda de fertilidade do solo como resultado do uso de práticas e sistemas agrícolas inadequados para o território, não constituir o aspecto mais preocupante da desertificação no Alentejo. Nesta Região, a *desertificação humana* resultante da aplicação de políticas de "Desenvolvimento" inadequadas, melhor dizendo, de políticas sectoriais de crescimento económico, constitui aspecto bem mais preocupante no qual se deve centrar a discussão e análise do fenómeno da desertificação. De facto, se analisarmos, em detalhe, as políticas de "Desenvolvimento" que, nas últimas décadas, foram implementadas em Portugal, verificamos facilmente que o seu vector fundamental foi o crescimento económico quase sempre assente em pressupostos de industrialização e urbanização. Não se pretende com esta afirmação dizer que a industrialização e a urbanização não devem ser consideradas em estratégias de desenvolvimento local. O que se pretende dizer é que não existem políticas, designadas como Políticas de Desenvolvimento, que promovam Desenvolvimento Social apenas orientadas para um sector e/ou área, discriminando outros sectores e/ou áreas. Felizmente que este tipo de políticas tem vindo a ser corrigida com a preocupação de, a curto prazo, minimizar e, a longo prazo, eliminar, os males de que o mundo rural e o interior presentemente padecem.

Na dicussão e análise do fenómeno da desertificação é fundamental não esquecer que o Desenvolvimento de um País não se faz desenvolvendo umas regiões em detrimento de outras. Isto porque, as assimetrias regionais, embora eventualmente possam, de certa forma, ser utilizadas como um motor do próprio Desenvolvimento, constituem um estigma no processo de Desenvolvimento e, além disso, sendo fontes de descontentamento social, são núcleos geradores de conflitos sociais. Com efeito, nenhum País se pode arrogar o direito de se assumir estar em processo de Desenvolvimento enquanto as suas políticas não tomarem em consideração o todo nacional e tiverem como efeito o aumento de assimetrias regionais. E isto porque as disparidades regionais, promovendo e alimentando o fluxo migratório das zonas menos desenvolvidas para as regiões mais desenvolvidas, não só provocam a desertificação humana das zonas mais desfavorecidas como aumentam a pressão demográfica nas zonas mais ricas criando nestas problemas e tensões sociais, cuja remediação é normalmente mais cara do que financiar e promover o desenvolvimento das zonas menos desenvolvidas.

O processo de Desenvolvimento pressupõe justiça social, igualdade de oportunidades, e promoção de qualidade de vida para todos os indivíduos qualquer que seja a sua condição e local de residência. Por outro lado, deve enfatizar-se a convicção de que o verdadeiro e adequado Desenvolvimento Social de uma região ou País só será possível se for concretizado ao nível do Local. Isto porque não existe Desenvolvimento sem envolvimento dos cidadãos e o envolvimento dos cidadãos nas estratégias de desenvolvimento só é eficaz e real se for promovido e realizado a nível dos territórios locais. Não se faz Desenvolvimento *para* as pessoas; o Desenvolvimento é feito *com* e *para* as pessoas. É, aliás, fundamentalmente devido ao facto de a *participação individual e social* constituir um fenómeno inerente ao processo de Desenvolvimento, que o Desenvolvimento não passa de um fenómeno abstracto se não estiver assente em processos de Desenvolvimento Local. Com efeito, o Local é o sítio onde estão as pessoas *com* e *para* as quais se faz o Desenvolvimento. É assim que, o chamado Desenvolvimento Regional (e Nacional) não passa de uma abstracção enquanto não tiver por base o Desenvolvimento de cada Local.

O designado Desenvolvimento Económico deve ser entendido e utilizado como instrumento do Desenvolvimento Social seja este referido ao espaço Local, Regional ou Nacional. Isto é, o

Desenvolvimento Económico deve ser entendido como um meio para atingir o objectivo estratégico constituído pelo Desenvolvimento da Sociedade Humana. Com efeito, o Desenvolvimento cujo significado é "retirar as amarras" só terá esta natureza se estiver centrado no indivíduo e na comunidade local.

Desertificação e ruralidade são dois fenómenos que, infelizmente, parecem estar associados. Isto porque *desertificação* é algo que devemos contrariar e *ruralidade* constitui uma característica que devemos preservar. De facto, *ruralidade* não deve ser vista como um estigma, mas sim como uma qualidade da sociedade humana. O território em si, embora influencie e condicione, não dita em absoluto o bem-estar nem as expectativas das comunidades. São as relações entre os seres humanos que condicionam as relações entre as comunidades e os territórios. Neste sentido, a ruralidade é uma virtualidade que se consubstancia na forma criativa e diferenciada de uma comunidade e um território assumir a civilização. Assim sendo, a *ruralidade* leva as comunidades locais a *preservarem* aquilo que as identifica e promove, e *superarem* com criatividade aquilo que as impede de desenvolver.

A ruralidade faz parte do património de uma comunidade e de um território adquirindo, ao nível local, a qualidade de recurso endógeno sobre o qual se deverão ensaiar os objectivos estratégicos para o Desenvolvimento dessa comunidade e desse território. De facto, a base de uma sociedade é o território e as relações dos indivíduos com esse território. Neste sentido, uma comunidade rural terá tanto mais sucesso quanto melhor souber interpretar as relações com o seu território e conseguir inovar na forma como as desenvolve.

8 - FORMAÇÃO, EMPREGO E DESENVOLVIMENTO LOCAL[3]

Para fazer face à crescente competitividade decorrente do processo de globalização qualquer região ou nação necessita de promover a modernização da sua economia através fundamentalmente da qualificação dos recursos humanos. No entanto, quando olhamos para regiões em processo acelerado de desertificação humana e, em particular, para regiões de "dimensão local", a questão coloca-se muito mais na problemática da criação de pequenas e médias empresas. De facto, em micro-regiões (locais) localizadas em regiões periféricas como é o caso do Alentejo, o tecido empresarial é muito fraco e, só por si, não tem dinâmica suficiente para promover estratégias que levem não só à sua modernisação como fundamentalmente ao seu fortalecimento. É, pois, fundamental criar "massa crítica empresarial" para que se crie a dinâmica necessária à modernisação do sector económico. Neste sentido, a promoção da cultura empreendedora no seio das comunidades locais de forma a levar os indivíduos a tomar o risco de criar o seu próprio negócio desempenha papel central no quadro de uma estratégia de Desenvolvimento Local. Por um lado, a modernização dos sectores produtivos é essencial para capacitar nações e regiões no sentido de melhor enfrentar a competitividade devido à globalização da economia (Figueira & Saúde, 1998). Por outro lado, o fenómeno da globalização e a inovação tecnológica estão a mudar a natureza do emprego e dos processos de produção levando as economias dos territórios a se tornarem mais competitivas. Portanto, o sucesso do processo de desenvolvimento em qualquer região ou local depende essencialmente do nível de qualificação dos recursos humanos existentes e a capacidade de a aumentar, desenvolvendo e mantendo os recursos humanos continuamente qualificados (Figueira, 1997). Na verdade, trabalhadores qualificados estão

---

[3] Texto baseado no "paper" apresentado no "*LEONARDO Survey and Analysis Dissemination Workshop*" que teve lugar em Bremen, 2 – 3 Dezembro de 1999

mais capacitados do que quaisquer outros para tomar decisões e gerir pessoas e coisas, especialmente em contextos com novas tecnologias e novas técnicas de produção (Spenner, 1990). Isto justifica que o aumento de oportunidades de formação para os trabalhadores tenha sido considerado como uma estratégia essencial para uma nação, região ou uma organização se manter competitiva em ambientes em rápida mutação (Hodson, R., Hooks, G. e Riebie, S., 1994). Assim sendo, as ofertas de formação profissional adequadas às necessidades dos territórios desempenham papel relevante e essencial na promoção do desenvolvimento local e, naturalmente, no combate ao desemprego provocado pela mudança tecnológica. No entanto, a formação profissional, sendo essencial, não é suficiente para promover o desenvolvimento uma vez que a competitividade de uma nação deve resultar do desenvolvimento económico combinado com reformas sociais e redução das disparidades entre as suas regiões. Assim, dado o constante aumento da concorrência global, Portugal, em geral, e o Alentejo, em particular, deve delinear e implementar estratégias de Desenvolvimento Local e Regional que combinem políticas e medidas especificas de modernização tecnológica e económica com reformas sociais enquadradas pelas suas características culturais que definem a sua identidade. A identidade cultural de um território para além de servir de contexto facilitador para a cooperação entre os actores locais pode funcionar como elemento relevante na definição e implementação de estratégias de marketing territorial o que pode constituir importante contributo para a dinâmica empresarial do território.

Face ao papel dos sistemas de formação profissional contínua na qualificação dos recursos humanos e, consequentemente, na capacitação das organizações para enfrentar os desafios colocados pela competitividade, a formação profissional desempenha papel relevante no progresso económico e desenvolvimento social dos territórios alentejanos. Hoje em dia, as pessoas necessitam de novas competências para o exercício das suas funções profissionais e sociais devido fundamentalmente ao facto de se assistir a uma mudança rápida na natureza das funções e tarefas profissionais e sociais que requerem uma renovação e actualização permanente de habilidades e competências profissionais e sociais dos indivíduos. Por exemplo, a autonomia e a responsabilidade adquiriram relevância central na capacitação dos indivíduos para lidar e gerir eficazmente a sua vida pessoal e profissional. Nesta perspectiva, é fundamental capacitar as pessoas para olhar e compreender a sua realidade de forma crítica através do questionamento permanente das crenças, formas de pensar e ideias que possam estar a entravar e dificultar a inovação. Isto constitui um desafio crucial para as mudanças que o processo de desenvolvimento local requer em termos quer de eficácia das empresas e outras organizações quer da competência dos seus trabalhadores. Neste sentido, com o propósito de promover a competitividade das organizações, dos locais e das regiões e a empregabilidade dos indivíduos, os sistemas de formação devem qualificar os indivíduos para um comportamento e atitude de natureza flexível, para a resolução eficaz dos problemas e para tomar decisões em ambientes complexos. Assim, o sistema de formação profissional, para além de promover a adequabilidade das qualificações dos indivíduos à evolução do mercado de trabalho e das necessidades sociais, deve contribuir para o seu desenvolvimento pessoal e promover a cidadania assim como desenvolver a habilidade de aprender como aprender. Por outras palavras, os sistemas de formação profissional, para além de capacitar os indivíduos com conhecimento básico e competências tecnológicas, deve promover a cidadania, as competências sociais e a habilidade para a autoaprendizagem.

As comunidades humanas têm vindo a transformar-se em sociedades do conhecimento e da comunicação o que requer dos indivíduos novas competências e habilidades para poder enfrentar os novos desafios que se lhes colocam diariamente. Antes de mais, os indivíduos têm de aprender a aprender ao longo da sua vida uma vez que a aprendizagem ao longo da vida é uma das estratégias-chave para se manterem empregados bem como para melhorar suas próprias perspectivas de empregabilidade ao longo da vida (Walther, 1997). Neste sentido, a competência *"aprender a aprender"* é essencial para um indivíduo não só lutar contra o desemprego como ainda melhorar o seu nível de empregabilidade face à sua maior capacidade de se adaptar à evolução das tecnologias e novas formas de organização do trabalho. O conceito de empregabilidade pode ser visto e compreendido a partir de três perspectivas diferentes: (1) Do ponto de vista individual, a empregabilidade significa ter capacidade para actualização permanente de competências individuais, profissionais e sociais, de forma a que os indivíduos possam aspirar a ter mobilidade vertical e horizontal e segurança no emprego; (2) Do ponto de vista organizacional, a empregabilidade significa que os trabalhadores são capazes de lidar com um ambiente em constante mutação e contribuir para a competitividade da empresa (organização) a que pertencem; e (3) Do ponto de vista do Estado, a empregabilidade é vista como uma estratégia que visa a criação de uma força de trabalho com habilidades flexíveis e adaptáveis para responder a um mercado de trabalho em constante mudança.

As características dos postos de trabalho e os níveis de qualificação estável têm sido usados como indicadores e referências para qualificar as ocupações e para estabelecer o perfil profissional adequado (Figueira & Saúde, 1998). Actualmente, no entanto, a realidade é muito mais instável e complexa relativamente ao que acontecia no passado nas diferentes ocupações profissionais. Isto acontece devido fundamentalmente ao actual processo de mudança e transição da sociedade industrial para níveis mais exigentes em termos de conhecimento e de tecnologia o que tem provocado profundas mudanças na relação entre o mercado de trabalho, o emprego e as competências necessárias para realizar tarefas profissionais. Esta realidade tem levado algumas pessoas a questionar o próprio conceito de trabalho e até a referir que "há muito trabalho para fazer", mas há poucos empregos". Nesta perspectiva, considera-se relevante que os conceitos tradicionais de "trabalho" sejam ajustados, tanto em termos técnicos como em termos de sua representação social (Figueira & Saúde, 1998). Por outro lado, o emprego já não tem um estatuto social estável e é um bem cada vez mais escasso nas sociedades de hoje. Por estas razões, o combate ao desemprego é cada vez mais ineficaz através de formas tradicionais. É assim necessário pensar em novas soluções que sejam mais adequadas às realidades actual e futura, levando as pessoas a libertarem-se dos padrões de pensamento anteriores com o propósito de ter uma uma nova visão sobre o mundo do trabalho e da formação profissional (Duarte, 1996).

Actualmente, o desemprego exige que o mercado de trabalho seja encarado como uma actividade humana com características mutáveis, imprevisíveis e mesmo contraditórias (Figueira & Saúde, 1998). Neste contexto, os sistemas de formação profissional, inicial e contínua, desempenham um papel preponderante e estratégico no desenvolvimento da capacidade dos indivíduos para se adaptar a novas situações. Isto é, os sistemas de formação profissional devem promover não só a interação entre os diferentes actores envolvidos no mercado de trabalho como ainda tomar em consideração todas as políticas de regulação do mercado de trabalho. Um sistema de formação profissional não deve, pois, limitar-se a ser um instrumento meramente orientado para a aquisição de "know-how" técnico e profissional. Pelo contrário, os sistemas e estratégias de formação profissional de hoje devem estar orientados para dar contributos significativos para a educação geral e aquisição de cultura científica e tecnológica por parte dos indivíduos que a frequentam, aspectos que enquadrarão e apoiarão a sua qualificação técnica operacional (Fonseca, 1995). Nesta perspectiva, os sistemas de formação profissional devem ser vistos e delineados com o propósito de facilitar aos indivíduos a fazerem aprendizagem ao longo da vida e ainda servir como um meio de compartilhar necessidades, interesses, valores e objectivos entre todos aqueles que interagem no mercado de trabalho (Figueira & Saúde, 1998).

9 - DEMOGRAFIA E DESENVOLVIMENTO DOS TERRITÓRIOS DE BAIXA DENSIDADE[4]

O processo de Desenvolvimento nos territórios e comunidades locais pode estar seriamente comprometido nos territórios de baixa densidade fundamentalmente por razões de natureza demográfica, entre outras. De facto, as populações desses territórios, para além de se encontrarem em um estado a que podemos designar por "rarefacção populacional", apresentam um acentuado envelhecimento que, associado a um contínuo e preocupante processo de desertificação humana, põe em causa a sua própria sustentabilidade. É, pois, necessário estancar e mesmo inverter este processo de degradação dos territórios e comunidades locais através do delineamento e implementação de Estratégias Locais de Desenvolvimento. Para este efeito, é fundamental promover acções de reflecção no seio das comunidades locais com o propósito de pensar e agir sobre as questões que estão a travar o desenvolvimento do local e sobre as estratégias que devem ser implementadas para promover o desenvolvimento no território. Isto porque o Desenvolvimento apenas se concretiza a nível Local uma vez que o processo de Desenvolvimento requer a participação activa dos actores locais, seus destinatários.

Construir o Desenvolvimento não constitui tarefa fácil para a maioria das comunidades locais localizadas em territórios de baixa densidade do interior devido fundamentalmente ao efeito de uma complexidade de factores, fortemente interrelacionados entre si, dos quais se destacam o nível educacional e de democracia participativa e, especialmente, a vontade e apoio dos agentes políticos designadamente dos que têm a responsabilidade de

---

[4] Este texto tem por base o Editorial redigido pelo autor para a Revista "Vez e Voz" da ANIMAR relativa ao evento "Forúm do Interior" realizado em Vila Real nos dias 7 e 8 de Novembro de 2014.

governar o País. É preciso não esquecer que, embora o Desenvolvimento não se ofereça, o Estado, através das organizações públicas e demais agentes políticos, está obrigado a criar as condições favoráveis à promoção do Desenvolvimento Local em todos os territórios locais, ou seja, proporcionar as oportunidades para que as comunidades locais possam delinear e implementar Estratégias de Desenvolvimento Local nos seus territórios com o propósito de melhorar a sua qualidade de vida. Para este efeito, consideramos ser indispensável delinear e implementar uma Política de Desenvolvimento Regional para o território português (continente e ilhas) que deverá ser concretizada através de uma Lei de Bases do Desenvolvimento Regional e Local cujo propósito essencial é não só permitir uma melhor gestão do território e seus equipamentos e infra-estruturas como territorializar de forma adequada as diversas políticas públicas aos níveis regional e local. A concepção e estabelecimento de uma Política de Desenvolvimento Regional e Local permite não só expressar a vontade política dos responsáveis governativos como também servir de guia para a convergência dos objectivos estratégicos definidos a nível local e regional com os Objectivos Estratégicos Nacionais. Só desta forma se conseguirá construir e promover de forma harmoniosa o Desenvolvimento Nacional e contribuir para a coesão social e territorial de todas as comunidades e territórios locais. Nunca é demais enfatizar que construir desenvolvimento, promover a qualidade de vida e do bem-estar das comunidades locais só é possível através da concepção e implementação de uma verdadeira Estratégia de Desenvolvimento Local que para o efeito terá de assentar na promoção e valorização das características do local, na integração de todos os sectores de actividade de forma harmoniosa e na sustentabilidade e viabilidade social, ambiental económica dos territórios locais. Com base neste quadro de princípios e convicções, é fundamental chamar a atenção da população, em geral, e dos agentes políticos, em particular, para as consequências nefastas dos fenómenos de despovoamento e envelhecimento da população decorrentes fundamentalmente da falta de oportunidades de trabalho e da crescente dificuldade no acesso aos serviços básicos a que estão sujeitos os territórios de baixa densidade. Esta realidade que se vive nos territórios de baixa densidade traduzem a degradação social, económica e mesmo cultural das comunidades locais que se localizam no interior do território. Por este motivo, para além das diversas problemáticas a que presentemente os territórios do interior estão sujeitos, é fundamental reflectir e agir, prioritariamente, sobre as políticas e estratégias económicas, sociais e demográficas necessárias para promover o desenvolvimento dos territórios rurais do interior. Tal como referimos algures, "o desenvolvimento não se oferece, reclama-se e constrói-se" e, nesse sentido, é essencial que os actores locais conjuntamente com estudiosos e decisores políticos reflictam sobre as barreiras que travam o desenvolvimento dos seus territórios e as estratégias capazes de as ultrapassar. Por outro lado, é preciso não nos esquecermos de que o Desenvolvimento de um território não pode ser conceptualizado e construido em termos puramente económicos. Na verdade, a economia de um território sendo uma componente indispensável em qualquer estratégia de Desenvolvimento não pode nem deve, no entanto, ser assumido como o aspecto mais importante e muito menos como o único a ser tomado em consideração. O fim último de qualquer processo de Desenvolvimento Local é a melhoria das condições de vida e do bem-estar das populações locais propósito que só pode ser atingido com o envolvimento activo dos actores locais na concepção, planeamento, implementação e gestão das estratégias de desenvolvimento dos seus territórios. Neste contexto, assume particular relevância a promoção da participação da população, em geral, e dos autarcas, técnicos, empresários e demais actores sociais locais nos processos de desenvolvimento local com o propósito de concretizar as políticas públicas a nível dos territórios locais através da acção das autarquias locais, dos serviços públicos descentralizados e das associações de desenvolvimento local.

10 - DESENVOLVIMENTO LOCAL, COOPERAÇÃO E ECONOMIA SOCIAL[5]

O Desenvolvimento apenas se concretiza a nível Local uma vez que o processo de Desenvolvimento tem como requisito central a participação activa dos actores locais, seus destinatários. Contudo, a construção do Desenvolvimento em territórios locais de baixa densidade não constitui tarefa fácil para a maioria das comunidades locais, designadamente aquelas que estão situadas em áreas de baixa densidade, quase sempre envelhecidas e sujeitas a um processo preocupante de desertificação humana. Esta realidade, que se vive na maioria das comunidades Portuguesas localizadas no interior do território, é o resultado do efeito de uma complexidade de factores, fortemente interrelacionados entre si, dos quais se destacam o baixo nível educacional e de participação activa dos actores locais. Para além destes factores, a eficácia das estratégias locais de Desenvolvimento são condicionadas por um conjunto de outros aspectos de que sobressaem a promoção e valorização das características do local, a integração harmoniosa de todos os sectores de actividade, a sustentabilidade e viabilidade económica, social e ambiental, a promoção da qualificação e da empregabilidade, a igualdade de oportunidades e ainda a promoção do trabalho em rede tomando em consideração os fenómenos da globalização. Todos estes factores devem ser tomados em consideração caso se pretenda, de facto, construir desenvolvimento nos territórios locais, isto é, delinear, promover e implementar estratégias de desenvolvimento com o propósito de proporcionar qualidade de vida e bem-estar nas comunidades locais. É necessário, contudo, acrescentar que a eficácia de uma

---

[5] Este texto tem por base o Editorial redigido pelo autor para a Revista "Vez e Voz" da ANIMAR relativa ao evento "Forúm do Interior" realizado em Penacova nos dias 6 e 7 Novembro de 2015.

estratégia de Desenvolvimento Local, por muito bem concebida que seja depende também, em grande medida, da sua relação e enquadramento nos objectivos estratégicos de Desenvolvimento definidos aos níveis Regional e Nacional. Neste sentido, considera-se indispensável a existência de um instrumento que permita territorializar, isto é, adequar às realidades locais, as políticas públicas dos diferentes sectores de actividade (educação, saúde, segurança social, cultura, ambiente, etc.) que, sendo delineadas a nível central, não conseguem, com o mesmo nível de eficácia, dar resposta à diversidade de problemas e realidades que apresentam os nossos territórios locais. Como é compreensível, uma mesma política pública não pode dar resposta, de forma adequada e eficaz, às necessidades e desafios existentes em todos os territórios locais devido às diferentes realidades e condicionamentos que apresentam os territórios de elevada, média e baixa densidade. Neste sentido, considera-se indispensável para promover adequada e eficazmente o Desenvolvimento dos Territórios Locais formular e implementar uma <u>Lei de Bases de Desenvolvimento Regional e Local</u> que permitirá adequar às realidades locais todas as políticas públicas formuladas a nível nacional.

O futuro dos territórios de baixa densidade está particularmente condicionado pelos fenómenos de despovoamento e envelhecimento da população e ainda pela falta de oportunidades de trabalho e crescente dificuldade no acesso aos serviços básicos a que estão sujeitas as populações. Esta realidade que se vive nos territórios de baixa densidade traduzem a degradação social, económica e mesmo cultural da grande maioria das comunidades locais que se localizam no interior do território. Não fora a acção do Poder Local atento às realidades e problemas dos seus territórios, a situação de crise que actualmente vivemos seria ainda bem pior. Em termos demográficos, a situação é deveras preocupante pois existem territórios do interior como é o caso de Penamacor, Vila Velha de Ródão, Alcoutim e Oleiros em que a população idosa é já o triplo da população jovem. Assim, se não forem delineadas e implementadas estratégias e políticas públicas que contrariem o fenómeno de envelhecimento e desertificação, estas e outras localidades nesta situação, não conseguindo atrair e fixar jovens, estarão "condenadas" à sua completa desertificação. O Índice de Envelhecimento (IE) também designado por "índice de vitalidade", estimado com base na relação entre o número de idosos (mais de 65 anos) e a população jovem (menos de 15 anos) de alguns municípios do interior mostra bem este fenómeno. Por exemplo, em 2015, o IE de Miranda do Douro era de 354,7%, o de Almeida, de 551,7 %, o de Vila Velha de Ródão, de 819,4 %, o de Arronches 405,5%, o de Mértola de 374,2 % e o de Alcoutim, de 665,7%.

A cooperação entre actores locais é fundamental para que os objectivos estratégicos definidos na estratégia de Desenvolvimento para o território local sejam alcançados. Neste sentido, considera-se imprescindível que decisores políticos, dirigentes e técnicos/as dos Serviços Públicos e das organizações da economia social e solidária e empresários locais reflictam sobre as problemáticas dos territórios de baixa densidade em que actuam com o objectivo de apresentar propostas para a sua sustentabilidade e viabilidade económica, social e cultural. A definição de caminhos e estratégias para a revitalização das comunidades e territórios locais do interior apela para a participação de todos os actores sociais locais nos processos de desenvolvimento local através de estratégias de cooperação e partilha de saberes e práticas. Por outro lado, não é demais repetir que as estratégias de Desenvolvimento Local têm a capacidade de gerar sociedades mais democráticas através da promoção da cidadania activa das comunidades locais quer em espaços rurais como urbanos. Esta capacidade é, aliás, uma das condições para que o Desenvolvimento Local se afirme como uma estratégia sustentável para a promoção das economias locais e, consequentemente, para a melhoria da qualidade de vida das respectivas comunidades. Neste sentido, é fundamental promover e fortalecer a cooperação através do estabelecimento de parcerias locais estratégicas que conduzam o desenho e implementação dos processos de Desenvolvimento Local para os respectivos territórios. Estas estratégias locais de desenvolvimento devem assentar em intervenções de natureza multissectorial em detrimento das ineficazes (e já estafadas) lógicas sectoriais e deverão não só valorizar os produtos locais como diversificar a economia criando emprego ligado às iniciativas locais. Só trilhando este caminho se conseguirá atingir resultados sustentáveis de desenvolvimento para as comunidades e territórios locais.

O Desenvolvimento de um território não pode ser visto em termos puramente económicos. A economia sendo componente indispensável em qualquer estratégia de Desenvolvimento não pode, contudo, ser assumida como o único aspecto a tomar em consideração. De facto, o crescimento económico não pode ser confundido com Desenvolvimento e ser promovido de forma desenquadrada de outras dimensões como sejam o bem-estar social, a cultura e a preservação do meio ambiente. Neste sentido, e tomando em consideração que o fim último do Desenvolvimento deve ser assumido como um BEM PARA TODOS, é indispensável, designadamente para os territórios de baixa densidade, procurar novos caminhos para o processo de Desenvolvimento.

Em resumo, a Construção do Desenvolvimento e o consequente Bem-estar das comunidades locais só será possível através do activo envolvimento dos membros da Comunidade na concepção, planeamento, implementação e gestão de uma estratégia adequada de Desenvolvimento Local que, face aos condicionalismos e realidades em que se encontra a maioria das Comunidades Locais situadas em territórios rurais marginais, terá de ser apoiada por uma estrutura tecnicamente apetrechada com recursos humanos especializados na problemática do Desenvolvimento Local como é o caso das Associações de Desenvolvimento Local. Neste sentido, considera-se fundamental que, no quadro da Estratégia Portugal 2020, sejam implementadas medidas e instrumentos que promovam a cooperação entre os diversos actores sociais, em geral, e da Economia Social e Solidária, em particular. Não nos podemos esquecer da relevância do papel único das organizações da Economia Social e Solidária para o Desenvolvimento Local. O universo da Economia Social e Solidária tem a capacidade não só de contribuir para a economia local através da produção de bens e serviços como ainda possui a indispensável natureza solidária que é essencial para o Desenvolvimento da Sociedade Humana. Desenvolvimento Local e Economia Social e Solidária são universos complementares essenciais para a prossecução com sucesso de estratégias de Desenvolvimento Local uma vez que **Desenvolvimento Local, Economia Social e Solidária, Democracia Participativa** e **Igualdade de Oportunidades** constituem ingredientes indispensáveis (e inseparáveis) para dar as respostas adequadas e eficazes à actual crise.

A economia social e solidária distingue-se da economia, dita de mercado, pelo facto de não distribuir lucros, ou seja, é um sector constituído por organizações sem fins lucrativos. Isto não significa contudo que estas organizações não produzam excedentes. A diferença está no destino dos excedentes que, em vez de servirem para remunerar o capital, são utilizados para reinvestimento na própria actividade da organização. Por outro lado, distingue-se do sector público por se auto-governarem, terem a participação de trabalho voluntário e serem autónomas e independentes dos poderes públicos, embora, em alguns casos, devido a protocolos assinados com os agentes públicos, possam prestar serviço público e, nessa condição, serem obrigados a seguir um conjunto de regras similares às dos serviços públicos.

A sustentabilidade económica e política das organizações de economia social e solidária assenta na sua vitalidade democrática e capacidade de promover iniciativas de natureza diversa, combinando objectivos económicos, com propósitos políticos, sociais e ambientais no âmbito de interesses privados e/ou públicos. A vitalidade democrática constitui assim o segredo de mobilização de pessoas em redes de cooperação e solidariedade a vários níveis, garantindo soluções e resultados melhor adaptados a diferentes situações. Esta forma organizativa constitui assim um caminho de esperança para encarar os desafios que se colocam às sociedades.

Não obstante as dificuldades que têm enfrentado, as comunidades locais dos territórios de baixa densidade têm mostrado possuir vitalidade e resiliência através de diferentes práticas e estratégias de cooperação que têm desenvolvido nos seus territórios para promover as suas economias. De facto, tomando por base as actividades desenvolvidas e serviços prestados pelas organizações da economia social e solidária a nível dos territórios locais, podemos afirmar que existe **vitalidade** por parte dos cidadãos, das comunidades e das associações que animam e facilitam as iniciativas de <u>desenvolvimento local</u> em curso nos territórios locais. Nesta perspectiva e tomando em consideração as potencialidades dos diferentes Territórios Locais, devemos evitar políticas e instrumentos que originem assimetrias e provoquem desertificação e, por outro lado, promover a **Cooperação**, a **Parceria**, a **Solidariedade** e a **Esperança** ao nível local para que as respectivas comunidades possam realizar os seus objectivos.

Tomando por base os desafios e dificuldades experienciadas nos diversos territórios locais, designadamente os de baixa densidade, e ainda as diversas reflexões efectuadas pelas respectivas comunidades, considera-se fundamental para a concepção e implementação de estratégias eficazes de desenvolvimento local, tomar em consideração e reflectir sobre as seguintes problemáticas:

- Necessidade de formulação e implementação de uma Lei de Bases de Desenvolvimento Regional e Local para enquadrar e promover a territorialização a nível local das diferentes políticas públicas (educação, saúde, economia, cultura, transportes e acessibilidades, juventude, entre outras);

- Identificar, descrever e analisar as potencialidades endógenas dos territórios de baixa densidade com o propósito de construir, com o recurso à inovação, a matriz base da estratégia de desenvolvimento para o seu território;

- A necessidade de parar, com a maior urgência, a sangria populacional dos territórios de baixa densidade e promover a atracção e fixação de população nesses territórios, designadamente população jovem que, naturalmente, vão garantir a revitalização dos territórios e respectivas populações através da inovação social com base nos recursos endógenos, acrescentando valor a esses territórios.

- Reconhecimento da relevância do papel da Economia Social e Solidária para a promoção do Desenvolvimento Local, em particular dos territórios de baixa densidade localizados no interior de Portugal, já que a sua acção promove e cria Valor nos territórios locais. De facto, tanto as Associações de Desenvolvimento Local como as outras organizações de economia social (cooperativas, associações recreativas e culturais, misericórdias e instituições de solidariedade social) contribuem de forma significativa para o desenvolvimento dos territórios onde actuam através da produção de bens e da prestação de serviços de natureza social tão necessários para a melhoria da qualidade de vida das comunidades locais.

- A necessidade da Estratégia Portugal2020 tomar em consideração o papel significativo que a Economia Social e Solidária desempenha para as economias dos territórios locais de baixa densidade e o reconhecimento da relevância que este sector de actividade tem para a promoção do Desenvolvimento desses territórios locais que, face à sua acção, promove e cria Valor nos territórios locais;

- O reconhecimento da relevância da cooperação internacional, em geral, e da cooperação transfronteiriça, em particular, para a promoção do Desenvolvimento dos territórios locais;
- A indispensabilidade de participação de todos os actores sociais locais na definição e implementação das estratégias de desenvolvimento dos seus territórios e comunidades.

Em resumo, a promoção do Desenvolvimento e a consequente Melhoria da Qualidade de Vida e do Bem-estar das comunidades e territórios de baixa densidade é possível desde que se tome em consideração não só os recursos locais como também se promovam políticas e estratégias nacionais que possam apoiar e fertilizar as iniciativas locais. A grande maioria dos territórios de baixa densidade possuem potencialidades diferenciadoras (identidades locais) que podem e devem ser utilizados para a concepção e implementação do seu próprio desenvolvimento.

11 - Capital Social e Participação da Comunidade Local no Desenvolvimento do seu Território[6]

O presente texto analisa e discute o conceito de capital social no contexto do processo de participação da comunidade local no Desenvolvimento do seu território, tomado este como um processo sustentável e partindo do pressuposto que o "Desenvolvimento sustentável" requer a promoção e desenvolvimento, em interacção", de três tipos de capital: (1) natural, (2) físico ou produzido, e (3) capital humano. Nesta perspectiva, defende-se que a eficácia e sustentabilidade de uma estratégia de Desenvolvimento Local requerem, para além do aumento e desenvolvimento de cada um dos três tipos de capital acima identificados, a sua interacção e complementaridade com o mesmo propósito e finalidade. Isto significa que a sustentabilidade do processo de Desenvolvimento dos territórios

---

[6] Este texto tem por base o artigo redigido pelo autor para o nº 2 (2011) da Revista "Fluxos & Riscos" do CPES, da Universidade Lusófona de Humanidades e Tecnologias.

locais requer uma interacção forte entre aqueles três tipos de capital, ou seja, a existência de um quarto tipo de capital, o Capital Social. Este conceito assenta no pressuposto central de que as relações e as redes sociais têm valor "de per si" e são indispensáveis para a promoção do Desenvolvimento sustentável de qualquer território e respectiva comunidade. Neste sentido, capital social é visto como o valor das redes sociais e dos relacionamentos entre os indivíduos que integram aquelas redes para fazer coisas para a comunidade e seus constituintes.

O desenvolvimento sustentável pode ser definido como um processo através do qual as gerações futuras recebem tanto quanto (ou mais do que) capital que a geração actual tem disponível (Serageldin, 1996). Este conceito tem por base o pressuposto de que o desenvolvimento sustentável é conseguido desenvolvendo o nível de três tipos de capital: (1) natural, (2) físico ou produzido, e (3) capital humano. Neste sentido, aqueles três tipos de capital, em conjunto, constituem a base do desenvolvimento económico e social de uma região e por esta razão podem servir como indicadores para medir a riqueza das nações. Contudo, uma estratégia eficaz e sustentável de desenvolvimento local requer mais do que aumentar a quantidade de cada um daqueles três tipos de capital. Isto é, para haver desenvolvimento local sustentável é necessário que aqueles três tipos de capital trabalhem em conjunto para o mesmo fim. Nesta perspectiva, a promoção do desenvolvimento sócio-económico e sustentável de um local ou região requer a existência de uma ligação forte entre aqueles três tipos de capital, isto é, o aumento do Capital Social, já que aqueles tipos três de capital determinam apenas parcialmente o processo do desenvolvimento económico e social de um local ou região. Neste sentido, é fundamental promover a complementaridade e sinergias entre os três tipos de capital de forma a colocá-los a funcionar em conjunto com os mesmos propósitos e finalidades. Isto significa que é essencial para a promoção do Desenvolvimento sustentável de um território local promover o que se designa por Capital Social. De facto, a forma como os actores sociais interagem entre si e se organizam no âmbito de uma estratégia de Desenvolvimento Local é essencial para gerar e promover o crescimento e o desenvolvimento socio-económico e sustentável de um local ou região.

O conceito de capital social integra a ideia da reciprocidade e tem por base o valor intrínseco das relações entre actores sociais de um dado território e respectivas redes sociais. Neste sentido, o capital social pode ser entendido como o valor das redes sociais e dos relacionamentos entre os indivíduos que integram essas redes para fazer coisas para a comunidade, grupos, e indivíduos residentes num dado território.

O conceito de capital social surgiu pela primeira vez em 1916 nos trabalhos de L.F. Hanifan, um reformador do sistema educativo da Virgínia Ocidental (EUA) (Woolcock, 1998) e reapareceu na década de 60 do século XX no trabalho de Jane Jacob sobre planeamento urbano (Winter, 2000). Contudo, o debate actual sobre o conceito tem por base o resultado dos trabalhos de James Coleman (1988) sobre a participação na escola em Chicago e dos trabalhos de Putnam (1993) em instituições democráticas em Itália (Winter, 2000). De acordo com Coleman (1990), o capital social é constituído por um conjunto de diferentes entidades que têm em comum o aspecto de uma estrutura social e a capacidade de facilitar algumas ações dos actores individuais e colectivos da estrutura com o propósito de atingir objectivos comuns. Isto significa que as estruturas sociais podem ser vistas como recursos e como um ativo de capital a que os indivíduos podem recorrer para ultrapassar os desafios com que se deparam na promoção do Desenvolvimento do seu território. Nesta perspectiva, capital social tem natureza produtiva uma vez que a sua presença permite resolver problemas e alcançar objectivos que de outra forma não poderiam ser alcançados. Por exemplo, quando um conjunto de pequenos agricultores, comerciantes ou industriais de um dado território não têm, individualmente, acesso ao crédito por falta de garantias exigidas pela entidade financeira, podem resolver o problema do acesso ao crédito através da constituição de uma cooperativa que, enquanto entidade colectiva, pode estabelecer uma relação de confiança com a entidade financeira e, desta forma, garantir os empréstimos solicitados pelos agricultores, comerciantes ou industriais a nível individual. Isto é, a relação de confiança entre os cooperantes e entre a cooperativa e a entidade financeira constituem um activo social capaz de gerar rendimento. Por outro lado, na perspectiva de Putnam (1993), em termos funcionais, o capital social pode ser visto como o conjunto de práticas sociais, normas e relações de confiança existente entre os membros de uma dada comunidade que torna possível e facilita a capacidade de cooperação e coordenação com o propósito de alcançar benefícios comuns, promovendo desta forma a eficiência e a eficácia das acções da sociedade. Neste sentido, o capital social facilita o aumento dos resultados de investimento nos outros três tipos de capital (físico, humano, natural) e diz respeito a redes de confiança e solidariedade promovidas no seio de uma variedade de organizações da sociedade civil como sejam ONGs, Associações de Produtores, Cooperativas, Associações Profissionais, Associações de Desenvolvimento Local, Colectividades Culturais e de Lazer, Associações Religiosas e até Grupos Informais (com base em relações de amizade), isto é, no conjunto de organizações que constituem a designada Economia Social e Solidária. Nesta perspectiva, quanto maior for a capacidade associativa, solidária e de relacionamento social de uma comunidade de dado território, maior será o volume de capital social nesse território. Esta linha de pensamento acompanha a noção de capital social definido por Bourdieu (1985) em que o Capital Social pode ser visto e entendido como o conjunto dos recursos reais e/ou potenciais agregados num quadro de redes mais ou mais menos duráveis formadas por relacionamentos sociais mais ou mais menos institucionalizados e reconhecidos.

O capital social pode também ser visto como o grau da coesão social que existe em uma comunidade local. Isto é, o capital social é constituído pelo conjunto dos recursos sociais disponíveis aos actores sociais pelo facto de pertencerem a essa comunidade. Neste sentido, o capital social forma-se a partir das redes sociais que emergem dos relacionamentos estabelecidos e promovidos entre pessoas dentro de uma dada colectividade (Zhou e Bankston, 1994). Nesta perspectiva, o capital social abrange redes, normas e confiança social, assim como actividades de coordenação e cooperação estabelecidas e facilitadas através de processos da interacção entre os actores sociais com o propósito de alcançar benefícios mútuos (Organização Mundial da Saúde, 1998). Isto significa que a informação, a confiança, e as normas de reciprocidade são inerentes às redes sociais (Woolcock, 1998), onde a cooperação dentro ou entre grupos é facilitada pelas normas, valores e compreensões partilhadas (OECD, 2001).

Apesar das muitas definições que podem ser encontradas na literatura e a maioria dos autores referirem que o capital social está relacionado com as normas e redes sociais assim como com a confiança e outros aspectos que facilitam a cooperação dentro ou entre grupos em uma dada comunidade, o conceito de capital social parece ter ainda uma natureza um tanto abstracta e estar ainda em desenvolvimento. Mesmo assim, os resultados de diversos estudos apontam para o facto de os seus efeitos poderem influenciar e ser relevantes para a formulação de *políticas públicas* (Banks, 2003).

Em resumo, pode dizer-se que o capital social de uma comunidade local abrange instituições e outras entidades, relacionamento entre indivíduos e grupos, atitudes individuais e grupais, valores, normas e regulamentos que influenciam a interacção e regulam o comportamento dos indivíduos e grupos que em conjunto contribuem para o desenvolvimento económico e social de um dado território local. Isto significa que o capital social ultrapassa a soma das instituições e entidades existentes em uma comunidade uma vez que integra a "cola" que as mantém em conjunto. Essa cola é composta pelos valores, normas e regulamentos partilhados que governam o comportamento individual e social e a confiança e responsabilidade cívica que faz uma comunidade mais do que apenas uma colecção de indivíduos ou grupos (World Bank, 1998).

O conceito de capital social enfatiza uma grande variedade de benefícios específicos para os indivíduos e comunidades locais designadamente confiança, reciprocidade, informação e cooperação no âmbito das redes sociais. Neste sentido, a existência de capital social numa comunidade local constitui uma mais valia para as pessoas que estão ligadas a redes sociais e algumas vezes mesmo para pessoas que estão temporariamente fora de redes como é o caso dos desempregados. Isso significa que o capital social beneficia a comunidade local através da redução de custos operacionais, promovendo a cooperação entre actores sociais, difundindo o conhecimento e as inovações através da sociedade, e melhorando o bem-estar da comunidade e dos indivíduos (Banks, 2003).

Nesta perspectiva, a Administração Pública deve empreender acções que implicitamente suportem ou realçem o capital socia designadamente através de políticas públicas que promovam efeitos directos e indirectos na criação e promoção de capital social nas comunidades locais. Por exemplo, as políticas públicas orientadas para o desenvolvimento das comunidades locais, devem dar especial atenção às organizações locais da sociedade civil uma vez que estas podem aumentar a capacidade e competência da comunidade para a solução de problemas públicos. Contudo, é necessário chamar a atenção para o facto de algumas políticas públicas e regulamentos poderem corroer o capital social (Banks, 2003) caso na sua formulação não tomem em consideração a mais valia constituída pelo capital social das comunidades locais. Isto porque, delinear e promover políticas públicas com o propósito de criar e promover capital social envolve algumas complexidades e, por este facto, a Administração Pública deve ter em atenção essas dificuldades e modificar as políticas cuja implementação possam causar danos ao capital social (Banks, 2003). Por outro lado, as estratégias delineadas para usar o capital social existente devem ser desenhadas e desenvolvidas de modo a facilitar uma mais eficaz implementação dos programas e projectos comunitários. Para o efeito deve tomar-se em consideração que o capital social funciona e produz efeitos positivos através de diversas formas, designadamente, promoção da acção colectiva através da criação e dinamização de associações locais para a planeamento e implementação do desenvolvimento do território, para a defesa dos direitos cívicos, para a promoção da cultura e do lazer e ainda para o apoio social a idosos e crianças. No seio dessas associações podem ser desenvolvidas actividades que facilitem a informação sobre postos de trabalho, promovam a identidade e solidariedade e promovam a ajuda mútua, baseado em normas de reciprocidade. É, contudo, necessário tomar em consideração que, em alguns locais e regiões, o capital social parece estar em declínio devido a uma compreensão limitada do que é, como funciona e pode ser usado o capital social, e ainda como diferentes políticas públicas interagem com ele. É assim fundamental promover a pesquisa social sobre a formulação e implementação de políticas públicas e seu impacto a nível local para melhor compreensão sobre o papel do capital social no desenvolvimento local e desenvolver instrumentos que permitam incorporar aspectos do capital social na análise das políticas (Banks, 2003).

O capital social pode assumir formas diferentes e, neste sentido, o desafio ao nível do Desenvolvimento do Local consiste em mobilizar as formas diferentes de capital social existentes num dado território local com o propósito de orientar a sua utilização para a resolução de necessidades e problemas públicos e, simultaneamente, promover a participação democrática da comunidade na formulação e implementação de objectivos estratégicos para o seu futuro. Por exemplo, a competência organizativa de associações de natureza cultural e religiosa pode ser usada para mobilizar o capital social existente para as questões de natureza não só cultural e religiosa como também para actividades de natureza social necessárias para a comunidade. Por outro lado, a crescente consciência cívica acerca das questões do ambiente que tem surgido como resposta aos problemas ambientais provocados por abordagens regulatórias e por actividades industriais sem acautelar a poluição, pode ser usada para mobilizar uma quantidade relevante de capital social para a participação democrática. Outro exemplo é dado pelas abordagens participativas que têm vindo a crescer a nível local com base no conhecido Orçamento Participativo de Porto Alegre (Brasil) e que têm criado oportunidades para usar o capital social como pedagogia participativa e para a promoção da interacção em rede dos actores sociais da comunidade. Merecem aqui mencionadas as estratégias de Desenvolvimento Local que desempenham papel importante na criação e desenvolvimento de capital social ao nível local. De facto, a essência do processo do Desenvolvimento Local centra-se na presunção de que os actores locais devem ser activamente envolvidos na procura das soluções para as necessidades e problemas da comunidade em que vivem e trabalham, obtendo para essa finalidade os recursos externos e internos mais adequados. Por essa razão, os agentes de Desenvolvimento Local têm desempenhado um papel essencial como catalizadores de novas parcerias na comunidade em que trabalham. Nesta perspectiva, deve referir-se a capacidade organizativa e de planeamento das Associações de Desenvolvimento Local que pode ser eficazmente usada para criar e mobilizar o capital social existente no território para a formulação e implementação de estratégias locais de desenvolvimento tendo por base não só as realidades locais, mas também o contexto político (local, regional e nacional) que se vive em determinado momento.

O processo de Desenvolvimento Local constitui uma fonte de esperança para melhores dias para todas as regiões e locais que não têm conseguido inverter o preocupante processo de desertificação humana a que têm vindo a ser sujeitas nas últimas décadas. De facto, o movimento de Desenvolvimento Local (ou Desenvolvimento Comunitário) tem vindo progressivamente a afirmar-se como verdadeira solução para a crise que se instalou e se vive em todas as regiões periféricas de natureza rural da Europa Comunitária devido ao problema de desertificação humana. De referir, contudo, que qualquer estratégia de Desenvolvimento Local deve ser delineada e executada com a participação activa de todos os actores da comunidade se se

pretender promover o desenvolvimento socio-económico sustentável de um LOCAL. Para além disso, a estratégia de desenvolvimento local deve ser centrada nas necessidades e aspirações das pessoas e ser orientada para criar sinergias complementares entre os recursos potenciais existentes. Uma estratégia de desenvolvimento local, desenvolvida com o envolvimento activo das pessoas e baseada nos relacionamentos entre os actores locais e o território onde vivem e trabalham, é a única maneira de atrair pessoas e criar projectos de vida estáveis para aqueles que residem no território. Estes são os motivos pelos quais se pode dizer que o processo de Desenvolvimento local pode ser visto como promotor de capital social numa comunidade. Como a experiência e os resultados têm mostrado, os promotores do desenvolvimento local (as Associações de Desenvolvimento Local - ADLs) têm delineado e implementado estratégias de desenvolvimento sustentável essencialmente centradas nos recursos locais, entre os quais se encontra o capital social da comunidade. Neste sentido, os promotores do desenvolvimento local têm vindo a desempenhar o papel de catalisador no processo de desenvolvimento sustentável, facilitando a criação e o uso do capital social da comunidade através de parcerias existentes e de novas a criar na comunidade. A filosofia que enquadra as estratégias de Desenvolvimento Local, delineadas e implementadas pela maioria das ADLs, assenta na convicção de que o Desenvolvimento
é uma abstracção que apenas se pode concretizar através do processo de Desenvolvimento Local o qual deve ter por base cinco princípios:

1. O Local (território + comunidade) deve, no quadro da sua identidade própria, ser visto e lido pelos membros da comunidade como o Centro do Universo
2. A participação e cooperação de todos os actores locais (indivíduos, grupos e organizações) constituem condição sine qua non para o sucesso de qualquer processo de Desenvolvimento local;

3. A integração (a nível local) de todos os sectores de actividade gera dinâmica e sinergia essencial para o processo de Desenvolvimento Local;

4. As questões e problemas locais e o processo de Desenvolvimento devem ter uma gestão local;

5. A estratégia de Desenvolvimento Local deve estar inserida nas dinâmicas globais.

A convicção e os princípios acima referidos podem ser inferidos de experiências e resultados de processos idênticos de Desenvolvimento Local (desenvolvimento comunitário) em regiões tão diferentes como sejam Angola e Guiné-Bissau (África) e Irlanda, França, Itália e Finlândia (Europa Comunitária) ou Estados Unidos da América e

Brasil (América) e Timor (Ásia). Por exemplo, no quadro do projecto "Learning Sustainability", financiado pela Iniciativa Comunitária RECITE, pôde constatar-se que, não obstante as diferenças existentes entre as três regiões parceiras – Alentejo (Portugal) de características mediterrânicas, Trentino (Alpes,Itália) de características montanhosas e Lapland (Norte da Finlândia) de características de regiões árticas -, surgiam aspectos e problemas comuns quando o nível de análise e trabalho se aproximava do local. De facto, os diversos locais situados nessas regiões tão distantes geograficamente entre si, apresentavam como pontos comuns aspectos como o êxodo dos jovens do meio rural para as cidades à procura de melhores oportunidades, ausência de participação activa da população na vida da comunidade local, designadamente dos

mais idosos, existência de um tecido empresarial debilitado com grandes dificuldades de sobrevivência e, em geral, pessoas não sabendo o que fazer para o futuro. Face a estas realidades, parece evidente afirmar que, qualquer que seja a estratégia de Desenvolvimento Local delineada para um dado território e correspondente comunidade local, se deverá tomar como prioritárias as seguintes actividades:

- A promoção e facilitação do envolvimento activo das pessoas durante as fases de delineamento e implementação da estratégia de Desenvolvimento Local;
- A promoção e facilitação da criação e uso do capital social na comunidade;
- O desenvolvimento dos recursos humanos existentes (e a atrair) na comunidade local, tomando em consideração as necessidades detectadas;
- A promoção e dinamização da cultura empreendedora e da actividade empresarial, incluindo as actividades de turismo e de artesanato;
- A protecção e valorização da cultura e identidade local assim como do ambiente natural e do património construído;
- A animação sócio-cultural estreitamente relacionada com a realidade local, designadamente com a identidade cultural e social do LOCAL;
- O apoio a grupos desfavorecidos através de medidas sociais de inclusão como seja o emprego, a segurança social, a assistência à saúde e, principalmente, medidas que promovam a participação e a cidadania.

À luz dos princípios e prioridades acima referidas, as Associações de Desenvolvimento Local (ADLs) têm dirigido o seu esforço no sentido de facilitar o uso do capital social existente e promover a criação de novas parcerias através das quais o potencial de capital social da comunidade pode ser utilizado para promover o Desenvolvimento Local. Como qualquer ser humano, o LOCAL (comunidade + território) aprende ao longo da sua vida e, neste sentido, pode designar-se o binómio comunidade/território como um Local Aprendente. O conceito de Local Aprendente é aqui entendido como uma entidade que aprende ao longo da sua existência através da experiência resultante do processo de interacção entre duas componentes: a comunidade e o seu território. Esta aprendizagem é feita através da leitura das realidades quotidianas, resolvendo os problemas e satisfazendo as necessidades que vão surgindo e equacionando novas soluções para novos problemas, de tal forma que esse LOCAL tenha a expectativa de usufruir uma melhor qualidade de vida e alcançar a felicidade. É por esta razão que a participação das pessoas nas actividades do LOCAL é condição "sine qua non" para haver Desenvolvimento Local sustentável. "Fazer o caminho caminhando", como se diz no Alentejo, ilustra bem o conceito de Local Aprendente. Isto é, caminhar e aprender enquanto se faz o caminho. O facto de um LOCAL ser APRENDENTE significa que a componente "comunidade" está consciente de tudo o que se passa no seu Local, está a aprender com os erros e os sucessos e, na base do que está a acontecer, redefine, ou simplesmente faz ajustamentos à sua estratégia de desenvolvimento. Quer isto dizer que um LOCAL APRENDENTE pressupõe a participação e cooperação activas da maioria dos membros da comunidade. Os aspectos relacionados com a participação e a cooperação são assim fundamentais em qualquer processo de Desenvolvimento Local. Os verdadeiros problemas de uma comunidade só poderão ser conhecidos quando aqueles que vivem nos LOCAIS indicarem claramente quais são as suas necessidades e problemas e aquilo que consideram ser melhor para o seu futuro. Além disso, é preciso não esquecer que todas as mudanças devem ser introduzidas com o total consentimento e envolvimento daqueles que serão afectados pela mudança. Contudo, a maioria das vezes, as comunidades locais não têm a necessária dinâmica para identificar as usas necessidades e problemas e para colocar o seu capital social a funcionar no sentido de desenhar e estabelecer uma estratégia que possa orientar o seu próprio desenvolvimento. Esta é razão pela qual é necessário um agente facilitador. Com base na experiência e práticas que as Associações de Desenvolvimento Local (ADLs) têm vindo a obter e a mostrar, não resta a mínima dúvida sobre o facto de serem as ADLs o agente facilitador mais adequado para colocar o capital social da comunidade a funcionar para a própria comunidade. De facto, o trabalho e esforço necessários para delinear, planear, e executar uma estratégia de desenvolvimento local sustentável requer uma cooperação activa e eficaz entre todas as entidades públicas e privadas e entre todos os actores individuais que vivem e trabalham no LOCAL. Por outras palavras, definir e executar uma estratégia eficaz de desenvolvimento local sustentável requer colocar todo o capital social da comunidade a trabalhar.

II

RURALIDADE

EDUARDO FIGUEIRA

1 - RURALIDADE E INTERIORIDADE

Reflectir sobre ruralidade pode levar a dois sentimentos de sinal contrário. Um, agradável, que deriva dos momentos felizes vividos em locais de características rurais e da percepção sobre a qualidade de vida que esses espaços podem oferecer a todos quantos lá vivem ou passam por lá. Outro, bastante desagradável, que advém do facto de verificar que essa qualidade de vida, no caso Português (e não só), vai-se deteriorando cada vez mais como resultado do desprezo e discriminação que as políticas de "Desenvolvimento" deste País têm votado ao mundo rural e aos territórios de baixa densidade, muitos deles localizados no interior, levando ao estado em que as coisas actualmente estão nesses territórios. De facto, se analisarmos, em detalhe, as políticas sectoriais económicas (e mesmo sociais) que, nas últimas duas décadas, têm vindo a ser implementadas em Portugal, facilmente se verifica que o seu vector fundamental é o crescimento económico quase sempre assente em pressupostos de industrialização e urbanização. Isto é, essas políticas económicas e sociais assentaram no pressuposto de que urbanizar e industrializar seria suficiente para produzir Desenvolvimento nos territórios e respectivas comunidades. Nada mais errado. Como bem demonstra a actual situação dos territórios e comunidades locais, designadamente as localizadas no interior, a orientação política voltada unicamente para o crescimento económico tem provocado fortes assimetrias regionais devido fundamentalmente à inadequada, ou melhor, ausência de ordenamento e gestão territorial. Não se pretende com isto dizer que a industrialização e a urbanização não constituem processos relevantes para o Desenvolvimento de uma região. É, no entanto, necessário chamar a atenção para o facto de as Políticas de Desenvolvimento orientadas apenas para um sector e/ou área, discriminando outros sectores e/ou áreas, não promovem realmente o Desenvolvimento Social de uma Região ou País. Mas, mais grave do que as assimetrias regionais evidentes no território Português, é a preocupante desertificação humana a que os

Território Locais do interior estão (e continuam a estar) sujeitos, colocando em risco a capacidade de regeneração e renovação desses territórios e comunidades. Isto não significa que os processos de industrialização e de urbanização devam ser abandonados e que o esforço das políticas públicas deva incidir exclusivamente sobre o Desenvolvimento dos espaços rurais do interior! Os processos de industrialização e de urbanização não são por si só a origem de todos os males! As suas consequências nefastas decorrem fundamentalmente do facto de não existir uma Política de Desenvolvimento Regional que, tendo por base a gestão equilibrada do território com base nos recursos disponíveis, enquadre, estrategicamente, o progresso industrial e processos de urbanização que lhe estão adstritos. Não se pode dizer que existe Desenvolvimento em dado região ou País quando as políticas económicas são apenas orientadas para uma parte do território e/ou para um determinado sector produtivo. A promoção do Desenvolvimento requer medidas de política que, tomando em consideração os recursos existentes, as necessidades das populações e o direito à democracia promovam o equilíbrio adequado dos sectores produtivos e dos micro-territórios (LOCAIS) de uma Nação. Se a orientação política das últimas duas décadas tivesse tomado em consideração estes requisitos Portugal estaria melhor apetrechado para debelar e ultrapassar a presente crise económica e financeira.

Os micro-territórios do interior de Portugal estão, como acima referido, sujeitos a um processo severo e preocupante de desertificação com consequente concentração demográfica nos territórios do litoral processo que poderia ter sido travado se não se tivesse abandonado o sector da produção agrícola. Este sector para além de contribuir para a atractividade dos territórios locais permitiria, em situações como a presente, servir de almofada económica e social à população portuguesa, em geral, e à população do interior, em particular. Pelos mesmos motivos, não se deveria ter deixado de apostar no sector das pescas, sector de grande tradição entre os Portugueses e que tinha (tem) imensas potencialidades de crescimento económico e de promoção de desenvolvimento. Foi um erro de estratégia dos então responsáveis políticos o facto de não se ter adequadamente apoiado os sectores da agricultura e das pescas. Acresce que qualquer País deve formular e implementar políticas de segurança alimentar definidas de forma soberana e com participação social. Isto significa dizer que cada País tem o dever de promover a "soberania alimentar" de forma a assegurar o direito das populações a uma alimentação adequada e justa, desiderato que não será possível atingir através da intensificação e concentração da produção em um relativamente pequeno número de produtores altamente sofisticados. A concentração da produção marginaliza não só os pequenos produtores agrícolas e respectivos territórios e comunidades como também agrava a segurança alimentar nos meios rurais e centros urbanos de pequena dimensão com o é o caso dos territórios interiores Portugueses. Por exemplo, os atentados à saúde por via dos alimentos têm vindo todos da grande produção industrial, isto é, da produção de alimentos em grande escala, e não da produção artesanal. Por outro lado, a produção artesanal, designadamente a de natureza familiar, para cumprir a sua finalidade não pode (não deve) estar espartilhada na sua totalidade pelas regras de mercado e pela legislação. A pequena produção para produzir os efeitos benéficos para as economias locais carece de mercados alternativos e de regras que tomem em consideração a sua natureza e características. Isto não significa contudo que não possam ser estabelecidas algumas regras de qualidade que, na maior parte dos casos, podem ser estabelecidas por associações de produtores locais. Esta é uma lição que devemos retirar do que presentemente se passa em muitos Países em desenvolvimento quer em África quer na América Latina. Para evitar que este fenómeno ocorra nos territórios rurais marginais dos Países Europeus é necessário e urgente que se promovam políticas de investimento e apoio à produção agrícola e comercialização dos respectivos produtos. Para além da questão económica, é fundamental que cada território mantenha determinado nível de produção alimentar a que se pode designar por "alimentação soberana". A soberania alimentar deve ser vista e assumida como um direito das populações ao acesso a alimentos não só nutritivos como culturalmente adequados e produzidos de forma sustentável. Neste sentido, a soberania alimentar constitui questão crucial para o desenvolvimento de qualquer território e comunidade e, por isso, deve ser tomada como uma das dimensões-base do desenvolvimento sustentável. Refira-se que, no momento actual, face ao desequilíbrio na distribuição do rendimento, muitos seres humanos têm grandes dificuldades no acesso a alimentos. Por esta razão e ainda pelo facto de que a agricultura contribui de forma decisiva para a soberania alimentar, qualquer estratégia de desenvolvimento local em espaços rurais deve promover a produção agrícola familiar. Isto significa que a Política Agrícola Comum deveria reorientar-se para a promoção dos processos de Desenvolvimento Local, mais concretamente para as Dinâmicas Locais de Desenvolvimento centradas na produção agrícola mas sem excluir outras actividades económicas que lhe são complementares como é o caso do Turismo em Espaço Rural e mesmo pequenas indústrias mobilizadoras dos recursos locais. A experiência industrial dos países asiáticos aponta para o mesmo sentido. De facto, a experiência desses Países mostra que o desenvolvimento industrial e o crescimento das exportações não são só por si suficientes para melhorar a situação alimentar das respectivas populações se não forem complementadas por políticas que promovam a agricultura e permitam as populações rurais beneficiarem do crescimento económico.

Nesta perspectiva, recomenda-se e espera-se que este tipo de políticas venha a ser, ao longo dos próximos anos corrigidas de forma a minimizar todos os males de que o mundo rural e o interior presentemente padecem. É fundamental não esquecer que o O Desenvolvimento de um País não se promove nem se faz através do desenvolvimento de umas regiões em detrimento de outras. Para além de serem fontes de descontentamento social, as assimetrias regionais resultantes de tal estratégia constituem um estigma no processo de Desenvolvimento. Com efeito, nenhum País se pode assumir como Desenvolvido ou mesmo em Desenvolvimento enquanto as suas políticas não tomarem em consideração o todo nacional e tiverem como efeito o aumento de assimetrias regionais. Como é sabido, as disparidades regionais promovem o fluxo migratório das zonas menos desenvolvidas para as regiões mais desenvolvidas e, consequentemente, provocam não só o despovoamento das zonas mais desfavorecidas como aumentam a pressão demográfica nas zonas mais ricas criando nestas necessidades, problemas e tensões sociais cuja remediação é normalmente mais cara do que financiar e promover o desenvolvimento das zonas menos desenvolvidas.

As disparidades regionais promovem e alimentam o fluxo migratório das zonas menos desenvolvidas para as regiões mais desenvolvidas. Isto é, as assimetrias regionais não só provocam a desertificação humana das zonas mais desfavorecidas como aumentam a pressão demográfica nas zonas mais ricas criando nestas problemas e tensões sociais cuja remediação é normalmente mais cara do que financiar e promover o desenvolvimento das zonas menos desenvolvidas. Promovendo o desenvolvimento das zonas mais desfavorecidas minimiza não só o despovoamento desses locais como a pressão demográfica e as eventuais consequentes tensões sociais sobre as regiões que atraem população, contribuindo desta forma para o equilíbrio da densidade populacional no território nacional e para uma melhor gestão das estruturas e equipamentos sociais. Por exemplo, quando uma região recebe uma quantidade significativa de população tanto as estruturas de saúde como as de educação e as de segurança (e até as de natureza cultural) têm de ser reforçadas para dar resposta às necessidades da população o que implica custos com novos investimentos. Por outro lado, as estruturas existentes nas zonas de origem da migração populacional ficam subutilizadas ou, em alguns casos, são até encerradas por falta de população que justifique a sua actividade o que implica elevados prejuízos para o País.

O processo de Desenvolvimento pressupõe justiça social, igualdade de oportunidades, e promoção de qualidade de vida para todos os indivíduos qualquer que seja a sua condição e local de residência. Face a estes pressupostos e ainda pelo facto de não existir Desenvolvimento sem envolvimento dos cidadãos, pode afirmar-se que o Desenvolvimento Social de uma Nação só será possível se for concretizado ao nível do Local. Não se faz Desenvolvimento *para* as pessoas; o Desenvolvimento é feito *com* e *para* as pessoas. É, aliás, fundamentalmente devido ao facto de a *participação individual e social* constituir um fenómeno inerente ao processo de Desenvolvimento, que o Desenvolvimento não passa de um fenómeno abstracto se não estiver assente em processos de Desenvolvimento Local. Com efeito, o Local é o sítio onde estão as pessoas *com* e *para* as quais se faz o Desenvolvimento e este processo, cujo significado é "retirar as amarras", só terá esta natureza se estiver centrado nos indivíduos e nas comunidades locais. Neste sentido, o chamado Desenvolvimento Nacional não passa de uma abstracção enquanto não tiver por base o Desenvolvimento de cada Local. Por outro lado, o designado Desenvolvimento Económico que de facto consiste em puro crescimento económico deve ser entendido e utilizado como mero instrumento do Desenvolvimento Social seja este referido ao espaço Local, Regional ou Nacional. Isto é, o Desenvolvimento Económico deve ser entendido como um meio para atingir o objectivo estratégico constituído pelo Desenvolvimento da Sociedade Humana.

A *ruralidade* não deve ser vista como um estigma, mas sim como uma qualidade da sociedade humana. O território em si, embora influencie e condicione, não dita em absoluto o bem-estar nem as expectativas das comunidades humanas. São as relações entre os seres humanos e entre estes e os territórios em que residem e/ou trabalham que ditam a forma como se pode promover a qualidade de vida da comunidade local. A ruralidade não constitui pois uma condição ou factor contra a civilização mas sim uma opção de civilização com características próprias. Por outras palavras, a ruralidade, como forma de civilização, é uma virtualidade que se consubstancia na forma criativa e diferenciada de uma comunidade e um território assumir a civilização. Assim sendo, a ruralidade apela para que as comunidades locais **preservem** aquilo que as identifica e promove, e **superem** com criatividade aquilo que as impeça de desenvolver. Nesta perspectiva, a ruralidade, como património de uma comunidade e de um território, vista ao nível local, adquire a qualidade de recurso endógeno sobre o qual se deverão ensaiar os objectivos estratégicos para o Desenvolvimento dessa comunidade e desse território. De facto, a base de uma civilização é o território e as relações dos indivíduos com esse território. Neste sentido, uma comunidade rural terá tanto mais sucesso quanto melhor souber interpretar as relações com o seu território e conseguir inovar na forma como as desenvolve.

A ruralidade, como produto da complexidade das relações comunidade-território, caracteriza-se por dimensões de natureza económico-produtiva, social, cultural e ambiental.

Na esfera **económico-produtiva**, assume relevante importância, a agricultura que, contudo, não pode continuar a assumir o papel que tradicionalmente detinha nos espaços rurais. A agricultura sendo necessária não é suficiente para garantir o desenvolvimento sustentável e integrado dos territórios locais. Para o efeito, a agricultura deve ser acompanhada por outras actividades, tais como o turismo e o artesanato, complementadas por actividades de pequena indústria transformadora orientada para a produção de produtos regionais certificados. Ou seja, é fundamental promover a pluriactividade e, por outro lado, à excepção de alguns casos muito específicos, a agricultura deverá ter por base a unidade familiar, ser de natureza policultural, integrar formas de sociabilidade e desenvolver articulações inter-sectoriais, próprias da diversidade de ocupações e rendimentos.

O turismo, actividade que pode tomar diversas formas - rural, agroturismo, ecoturismo e de habitação - pode (e deve) ser complementado sinergisticamente por aspectos culturais e ambientais como sejam património cultural e natural, artesanato, folclore, música e teatro popular, jogos tradicionais, feiras e festas tradicionais e cozinha rural. Para além de todas as complementaridades acima referidas, assume particular importância para a actividade de turismo, a hospitalidade oferecida pelas pessoas do meio rural.

O artesanato, que assume as mais diversas formas, desempenha também papel relevante na esfera económico-produtiva uma vez que pode incluir-se não só na fileira do turismo como ainda constituir fonte isolada de rendimento através da exportação para outras regiões.

A pequena indústria transformadora, na maioria das vezes de natureza artesanal como é a produção de queijo e de enchidos, desempenha papel relevante nas economias locais principalmente quando tem a característica de produto regional certificado que ateste não só a sua genuinidade como a qualidade.

Na esfera **social**, ressaltam os modos de habitar caracterizados pela aldeia, os sistemas de entreajuda, as cooperativas, as comissões de compartes para gerir os baldios, as feiras e os mercados, as mútuas de gado, os fundos de socorro social, as confrarias e irmandades e outras entidades de natureza associativa que no seu conjunto constituem o designado sector da Economia Social e Solidária. A solidariedade rural, aspecto natural e tradicional do meio rural, tendo como referência preocupações e problemas similares e muitas vezes com a religião que professam, tem como base fundamental a família e a vizinhança e processa-se essencialmente no quadro da actividade produtiva principal, a agricultura. De referir ainda, a questão da medicina popular que ocupa lugar importante na vida social da aldeia, nomeadamente na ausência da medicina dita científica.

Na esfera **cultural,** para além do artesanato e mesmo de todas as actividades produtivas e sociais acima mencionadas, deve ressaltar-se a riqueza de actividades de natureza cultural, sentido restrito, que se desenrolam nas aldeias rurais. De referir, que a visão do LOCAL como produto do binómio comunidade-território apresenta-se como força promotora da capacidade de interpretação das realidades, de identificação e satisfação das necessidades, e de inovação e criatividade para superar novos problemas e desafios. Assim sendo, a cultura das comunidades rurais remete-nos para a sua identidade.

Em termos **ambientais** não se pode deixar de referir e chamar a atenção para o facto de a <u>sustentabilidade</u> dos locais e, por conseguinte, do Planeta ser posta em causa quando o rural se desertifica e quando as sociedades entram em declínio. É assim importante inovar para superar os desafios de natureza ambiental que devem ser tomados em consideração nas estratégias de desenvolvimento do território local.

A **ruralidade** assume-se assim como pressuposto essencial para o Desenvolvimento de qualquer área rural, designadamente das que se localizam em zonas marginais. Esta "ruralidade" não pode contudo ser assumida de forma passiva quase "museológica". Para além da sustentabilidade, é imprescindível promover a requalificação das comunidades rurais através da reconstrução do poder local por via da instituição de uma governança local baseada na participação dos habitantes e da comunidade e da afirmação de relações de novo tipo com os poderes circundantes.

No espaço Europeu, para além do conceito técnico habitualmente usado para caracterizar as diferentes dimensões da Europa Rural, é fundamental reconhecer que o meio rural Europeu é bastante diferenciado e tem estado nas últimas décadas sujeito a uma acelerada mudança. De facto, o meio rural não pode definir-se de igual modo em todos os Estados Membros da Europa. Assim sendo, é mais adequado falar de Europas rurais do que em Europa rural.

Embora a crescente perda de controlo da economia por parte das comunidades rurais constitua a principal evidência da mudança a que presentemente o mundo rural Europeu está sujeito, a actividade agrícola continua a desempenhar papel essencial na economia da maior parte das comunidades e territórios rurais da Europa Assim sendo, a agricultura pode ser assumida como a actividade promotora dos equilíbrios social, económico e ambiental nas economias locais e, consequentemente, nas economias nacionais e mesmo a nível Europeu. Isto é, embora a agricultura, na maioria dos casos, não tenha a capacidade de se assumir como motor do Desenvolvimento rural, não pode, por outro lado, ser ignorada. Com efeito, a produção de alimentos e de matérias primas constitui apenas um dos aspectos do sector agrícola da Europa. A agricultura desempenha ainda na Europa, mesmo nas regiões onde o emprego agrícola desceu abaixo dos 10%, outras funções não menos importantes como é o caso do povoamento do meio rural, da protecção do ambiente e do ordenamento do território, aspectos imprescindíveis para um desenvolvimento harmonioso da Europa. Consciente desta questão, Jacques Delors, no seu discurso "1992: Um ano charneira" reconhecia que a revitalização dos espaços rurais devia ser considerada por todos os países Europeus como um dado fundamental para o ordenamento do território. Contudo, a Política Agrícola Comum (PAC) de então foi desenvolvida com base na regulação dos mercados e dos preços, o que contribuiu para arrastar a Europa para uma crise da natureza económica, social e ecológica. A crise económica de então foi fundamentalmente provocada pelos excedentes alimentares, crescimento das tensões no mercado internacional e pela crescente exigência orçamental. Por exemplo, em 1994 cerca de 55% do orçamento da União Europeia foi destinado a despesas agrícolas, das quais mais de 90% no âmbito da secção Garantia do FEOGA e os restantes 10% no âmbito da secção Orientação do mesmo Fundo, isto é, no apoio aos ajustamentos estruturais da agricultura e ao desenvolvimento rural. Apesar das despesas agrícolas consumirem cerca de metade do orçamento da União Europeia, a PAC no seu conjunto não tem conseguido resolver o problema do rendimento dos agricultores.. Os rendimentos dos agricultores cresceram menos do que os de outros sectores de produção e continuou a assistir-se ao longo dos anos ao crescimento do número daqueles que abandonam a terra. Consciente desta problemática, a Comissão Europeia reconheceu então que:

- A Europa rural é bastante diversa e, como tal, representa vários problemas que requerem várias soluções;
- O Desenvolvimento rural deve ser equacionado no contexto da PAC;
- O Desenvolvimento rural, como parte integrante do Desenvolvimento Regional, deve tomar em consideração as funções produtiva, económica, ambiental e social do meio rural;
- As organizações locais devem desempenhar papel importante na definição das acções de desenvolvimento rural.

Assim sendo, a União Europeia estabeleceu então três princípios pelos quais a actuação da Comunidade e os Estados Membros se deve orientar em termos de desenvolvimento regional:

- **Abordagem de natureza integrada**, traduzida na necessidade de cooperação e planeamento transectoriais;
- **Subsidiariedade**, indicando que cada decisão deve ser tomada ao mais baixo nível possível, devendo as responsabilidades ser repartidas entre todos os níveis de autoridade;
- **Parceria**, tendo em vista promover a cooperação da Comissão com as autoridades nacionais, regionais e locais na definição de todas as medidas.

Por outro lado, tendo em vista combater o declínio rural e a desertificação humana, designadamente nas áreas marginais, a União Europeia estabeleceu ainda as seguintes prioridades para a Europa:

- Manter a população rural através de explorações familiares visando a produção de produtos certificados regionais de qualidade;
- Incentivar a pluriactividade através da promoção de empresas de pequena dimensão ligadas ao turismo e/ou artesanato;
- Assegurar condições de vida às populações locais através da criação de infra-estruturas sociais;
- Conservar o ambiente e a cultura, não só por razões ecológicas, mas também porque em conjunto com a agricultura, desempenham papel relevante no desenvolvimento local;
- Promover o espírito empreendedor e apoiar as PME.

Na linha destas orientações, a Comissão Europeia lançou no inicio dos anos 90 a iniciativa LEADER (**L**igação **E**ntre **A**cções de **D**esenvolvimento da **E**conomia **R**ural) com o propósito fundamental de apoiar os Estados membros a promover o desenvolvimento nas suas regiões rurais. Esta iniciativa foi concebida com o propósito de apoiar os agentes do mundo rural, designadamente as Associações de Desenvolvimento Local, a delinear e implementar estratégias de desenvolvimento integrado e sustentado nos territórios locais de características rurais.

No quadro desta iniciativa, os agentes dos territórios locais rurais, de natureza pública e privada, promoveram o movimento do desenvolvimento local com base na organização de associações privadas sem fins lucrativos que tomaram em mãos a promoção do desenvolvimento sustentado e integrado dos territórios locais em que se fundaram.

2 – RURALIDADE E REVITALIZAÇÃO DOS CENTROS RURAIS

No âmbito do 2º Quadro Comunitário (1994-1999) foi lançado o Programa Centros Rurais pelo Ministério do Planeamento e Ordenamento do Território com o propósito de revitalizar os **Centros Rurais,** iniciativa bastante interessante para a promoção do Desenvolvimento dos territórios locais de natureza rural. Face aos propósitos estratégicos definidos pelo Programa pode dizer-se que o Programa **CENTROS RURAIS**, embora tivesse apresentado algumas deficiências, constituiu, sem dúvida, um valor acrescentado para o Desenvolvimento dos territórios locais em que foi implementado. Desde logo, ao designar-se por **CENTROS RURAIS**, o Programa vem afirmar que a *ruralidade* deve ser vista e entendida como um valor a preservar e promover no âmbito das estratégias de desenvolvimento a implementar nos territórios locais de natureza rural. De facto, como já algures afirmámos, a *ruralidade* deve ser vista como uma qualidade da comunidade uma vez que o território, embora condicione a actividade humana, não determina por si só o bem-estar das populações que nele residem. Ou seja, a ruralidade deve ser entendida como uma forma diferenciada de uma comunidade, em permanente relação com o território em que vive, assumir a civilização. Por outro lado, o Programa promoveu a participação dos diferentes actores que, por uma razão ou outra, poderiam (e deveriam) ser envolvidos na implementação das actividades. De facto, quer na fase de planeamento quer na fase de implementação das actividades assistiu-se a uma participação não só dos destinatários como das entidades públicas e privadas regionais e nacionais. Recorde-se que o designado **Plano Geral de Intervenção (PGI)** desenvolvido e implementado em cada Centro Rural (aldeia) selecionado, foi elaborado pela Associação de Desenvolvimento Local (ADL) do respectivo território com activa participação dos destinatários da intervenção. Por exemplo, para a elaboração do PGI do Centro Rural de Montoito, fizeram-se inúmeras reuniões e entrevistas com os diversos actores da Zona de Intervenção (ZI), designadamente agricultores, pequenos empresários, artesãos, entidades da economia social e solidária (Cooperativa de Olivicultores, Associação de Regantes da Vigia, Obra de São José Operário), colectividades culturais (Sociedade União Montoitense), agentes de natureza pública como sejam as autarquias (Junta de Freguesia, Câmara Municipal do Redondo), e população em geral. Foi uma fase bastante gratificante para os dirigentes e técnicos da ALIENDE-Associação para o Desenvolvimento Local que estiveram directamente envolvidos na elaboração do Plano Geral de Intervenção (PGI) para o Centro Rural de Montoito. Para além desta fase de participação dos actores locais que se revelou, como seria de esperar, fundamental para o sucesso do Projecto, deve realçar-se o ambiente de entendimento e mesmo de "cumplicidade" criado e mantido durante a implementação do Programa no Alentejo por todos os intervenientes nas sessões da Unidade de Gestão Regional. Todas as entidades que, de uma forma ou outra, estiveram envolvidas na Unidade de Gestão Regional, desenvolveram esforços sinceros no sentido de apoiar as ADLs promotoras e gestoras dos PGIs a superar as dificuldades que surgiram nos mais diversos sectores e actividades. Neste sentido, tem (e deve) ser dito que o espírito de cooperação criado entre as diversas entidades participantes nas sessões da Unidade de Gestão Regional de então deve ser considerado como um exemplo da forma como se deve promover o Desenvolvimento Local. É da mais elementar justiça que se afirme aqui que a conhecida filosofia das *"capelinhas"*, normalmente existente na "cooperação" entre os diferentes Serviços Públicos, esteve aqui completamente ausente pelo que este fenómeno constitui "capital" que não pode ser desbaratado. Decorrente deste clima de confiança e "cumplicidade" estabelecido entre as diversas entidades intervenientes no Programa, surgiu outro aspecto que deve ser realçado como importante contributo para o acima citado valor acrescentado. Referimo-nos à atitude dos técnicos e à natureza e forma como as visitas de verificação do estado dos projectos foram conduzidas pelas entidades competentes. No decurso dessas visitas de acompanhamento, os técnicos das entidades competentes mostraram sempre uma atitude positiva e pedagógica no sentido de ajudar as entidades locais responsáveis pela implementação das actividades do projecto ultrapassar as dificuldades que iam surgindo o que, em programas desta natureza, usualmente acontece.

Não há dúvida que o Programa apresentou algumas deficiências. Contudo, tal como os seres humanos, não há Programas Perfeitos. O importante é reconhecer as deficiências e, com base nelas, tentar melhorar. Isto é, devemos adoptar sempre uma atitude pedagógica e de aprendizagem. Aliás, como todos sabemos, vivemos numa sociedade com um ritmo acelerado de mudanças e, por isso, quem não se colocar na posição de *ser aprendente* será definitivamente ultrapassado pelo tempo e pelas coisas. Isto é válido não só para os indivíduos como para as organizações, para os territórios Locais como para as Regiões. A deficiência mais visível do Programa foi, no nosso entender, o baixo nível de integração ao nível da aplicação, dos diversos instrumentos de investimento e incentivo existentes na época. No entanto, todos os responsáveis relacionados com o Programa estavam de acordo com a necessidade de promover essa integração e, por outro lado, mostravam-se favoráveis ao aprofundamento da subsidiariedade e da parceria para a promoção do Desenvolvimento Local.

Este exemplo vem assim reforçar a nossa convicção de que o aprofundamento do clima de confiança entre todos os intervenientes (responsáveis, intermediários e destinatários) em Programas de Incentivo e Investimento orientados para a promoção da economia e da qualidade de vida das populações e territórios locais complementado pelo esforço de todos no sentido da subsidiariedade e integração, ao nível Local, de todos esses instrumentos no quadro de Estratégias Locais de Desenvolvimento promovidas pelas Associações de Desenvolvimento Local, darão contributo significativo para o sucesso das estratégias de Desenvolvimento Local e, consequentemente, para o sucesso do Desenvolvimento Regional e Nacional. Infelizmente, constatamos que as experiências positivas então vividas e as consequentes aprendizagens daí retiradas ficaram perdidas no tempo já que, presentemente, muito dos Programas orientados para o Desenvolvimento Local, provavelmente devido aos efeitos da crise social e económica que atravessamos, para além de não integrarem aquelas características, em muitos casos, introduziram níveis de complexidade e exigências não compatíveis com os pressupostos do Desenvolvimento Local. Entretanto, no decorrer do ano de 2016, o Governo cria a Unidade de Missão para a Valorização do Interior com o propósito de delinear e propor um Programa para a Coesão Territorial que, ao contrário da maioria dos programas de Incentivo e Investimento enquadrados pelo Programa Portugal2020, apresenta uma filosofia que se aproxima bastante dos pressupostos do Desenvolvimento Local, designadamente participação dos diversos actores e criação de confianças entre os diversos intervenientes, transversalidade e integração de acções e subsidiariedade. Nesta perspectiva, o Programa Nacional para a Coesão Territorial que se encontra em fase de discussão pública parece permitir atingir os objectivos estratégicos que devem orientar o Desenvolvimento Local, designadamente das áreas marginais de natureza rural acentuada:

* Evitar o declínio rural e inverter a desertificação humana, fixando a actual população rural e atraindo outros, designadamente jovens;

* Melhorar e assegurar condições de qualidade vida às populações locais, através da criação de infra-estruturas sociais, designadamente nas áreas da saúde, da segurança social, da cultura e do lazer;

* Promover as explorações familiares através do incentivo à produção de produtos certificados regionais de qualidade;

* Incentivar a pluriactividade através da promoção de micro-empresas ligadas às agro-indústrias, ao turismo e/ou artesanato;

* Promover a conservação do ambiente natural e do património construído, não só por razões ecológicas e culturais, mas também porque em conjunto com a

agricultura, desempenham papel relevante no desenvolvimento dos territórios locais;

* Promover o espírito empreendedor no sentido de criar micro-empresas e PMEs tendo em vista o adensamento do tecido empresarial, aumento da competitividade e melhor aproveitamento dos recursos locais e, como consequência, aumentar a capacidade de emprego para os jovens.

O *Centro Rural de Montoito*, projecto aprovado no quadro daquele Programa e implementado com base em um Programa Geral de Intervenção (PGI) teve, naturalmente, a questão da *ruralidade* como aspecto central dos seus objectivos e actividades. Por esta razão e dado que a Ruralidade é vista por muitas pessoas como uma característica de subdsenvolvimento, considera-se relevante reflectir sobre a natureza da **Ruralidade** dos territórios. Na nossa perspectiva, a *ruralidade* não deve ser olhada como se fosse uma condição ou factor contra a civilização e desenvolvimento da sociedade humana. Isto porque, a *ruralidade* é uma forma muito própria de uma comunidade local, em estreita relação com o território onde vive, assumir e viver a civilização. De facto, a ruralidade tem dentro de si os princípios que orientam as comunidades locais rurais no sentido do seu desenvolvimento, combinando a *preservação* de todas as tradições e aspectos que as identifica com a *eliminação* de tudo aquilo que as impede de desenvolver.

A ruralidade deve, pois, ser entendida e vista como património de uma comunidade local e do território em que vive. Desta forma, a **ruralidade** adquire, designadamente a nível de territórios Locais, a característica de recurso próprio sobre o qual deverá assentar a estratégia para o Desenvolvimento dessa comunidade e desse território. De facto, é o território e as relações das pessoas com esse território que constituem e definem a base e as características dessa civilização. Neste sentido, uma comunidade rural terá tanto mais sucesso quanto melhor souber desempenhar as relações com o seu território e conseguir inovar na forma como desenvolve essas relações. As relações entre a comunidade e o território constituem assim a essência da ruralidade, relações essas que são de natureza económica, social e cultural.

Nas relações de natureza **económica**, é fundamental reconhecer que a agricultura, enquanto actividade económica, não pode continuar a assumir o papel preponderante que tradicionalmente detinha nas economias locais dos territórios rurais. A agricultura, como actividade económica, é necessária, mas não suficiente para promover adequadamente e de forma sustentada a economia dos territórios locais. O desenvolvimento sustentado dos territórios locais de natureza rural requer que a agricultura seja complementada por outras actividades, tais como o turismo, o artesanato e a pequena indústria transformadora orientada para a produção de produtos regionais certificados. Isto significa que, em termos económicos, o desenvolvimento sustentado dos territórios locais apela para a necessidade de promover a pluri-actividade.

No que se refere à natureza **social** das relações, devemos salientar os modos de vida característicos da aldeia, designadamente a importância atribuída à vizinhança e ao princípio da entreajuda, ao papel dos baldios com gestão e uso colectivo, ao papel desempenhado pelas cooperativas e mútuas de gado e ainda pelas feiras e mercados.

No aspecto **cultural,** devemos lembrar a riqueza e diversidade das actividades de natureza cultural que se desenrolam nas aldeias rurais. Para além do artesanato e outras actividades de natureza social e económica, as aldeias rurais normalmente desenvolvem actividades de natureza cultural como é o caso do cante e da música que são promovidas por grupos corais e bandas que usualmente são formados e enquadrados por Colectividades Culturais e Desportivas constituídas pelas comunidades locais. Para além dessas actividades, as aldeias rurais detêm um conjunto de tradições, costumes, crenças, lendas e festividades que vão passando de geração em geração, e que constituem a sua identidade cultural e enquadram um conjunto de valores partilhados pela comunidade.

As relações entre a comunidade e o território constituem-se assim como uma força essencial para a promoção da capacidade da comunidade para a compreensão das suas realidades, a identificação e satisfação das suas necessidades, e para a inovação e criatividade necessárias para vencer os novos desafios. A ruralidade pode assim ser entendida como a característica essencial em que deve assentar a estratégia de Desenvolvimento de qualquer área rural.

3 - RURALIDADE, DESERTIFICAÇÃO E COESÃO TERRITORIAL

Toda e qualquer iniciativa pública tomada com o propósito de combater o problema da desertificação e promover a coesão dos territórios de baixa densidade, especialmente os que se localizam no interior, deve ser aplaudida e promovida por todas as entidades, públicas, privadas com fins lucrativos (empresas) e privadas sem fins lucrativos (economia social e solidária) que, de uma forma ou de outra, desempenhem papel significativo na promoção do Desenvolvimento dos territórios locais. É, pois, de aplaudir a iniciativa governamental de criar uma **Unidade de Missão para a Valorização do Interior** (UMVI) com o propósito de criar, implementar e acompanhar um Programa para a coesão territorial que enquadre e promova medidas orientadas para o desenvolvimento dos territórios locais de baixa densidade, especialmente os localizados no interior do território. De acordo com o comunicado do Conselho de Ministros emitido em 14 de Janeiro de 2016, a Unidade de Missão para a Valorização do Interior é de natureza transversal a todos os sectores de actividade e tem o propósito de "promover a atração e fixação de pessoas" nos territórios do interior, "a cooperação transfronteiriça e o intercâmbio de conhecimento aplicado entre centros de Investigação e Desenvolvimento e as comunidades rurais" (Comunicado do Concelho de Ministros, 14/Janeiro/2016). É, na nossa perspectiva, o enunciado da iniciação do processo para a formulação de uma verdadeira política de Desenvolvimento Regional por que há muito os actores dos territórios locais ansiavam. De facto, o Plano Nacional para a

Coesão Territorial que está em desenvolvimento pela UMVI, para além da abordagem participativa que utiliza, apresenta um conjunto de Eixos e Medidas transversalmente abrangentes aos diversos sectores de actividade o que, na nossa perspectiva, lhe confere a natureza de uma verdadeira política pública de Desenvolvimento Regional.

Na sequência desta promissora Política Pública é relevante chamar a atenção para o facto de a desertificação física e ambiental, consequência da perda de fertilidade do solo como resultado do uso de práticas e sistemas agrícolas inadequados para o território, não constituir o aspecto mais preocupante da desertificação no Alentejo. Nesta Região, a *desertificação humana* resultante da aplicação de políticas de "Desenvolvimento" inadequadas, melhor dizendo, de políticas sectoriais de crescimento económico agravadas com a submissão das dimensões social e cultural ao economicismo e ao centralismo, constitui, na nossa perspectiva, aspecto bem mais preocupante no qual se deve centrar a discussão e análise do fenómeno da desertificação dos territórios locais do interior e, com base nesse diagnóstico, formular e implementar estratégias e políticas de desenvolvimento para os territórios. De facto, se analisarmos, em detalhe, as políticas de "Desenvolvimento" que, na última década, foram implementadas no nosso País, verificamos facilmente que o seu vector fundamental foi o crescimento económico quase sempre assente em pressupostos de industrialização e urbanização descurando as características dos territórios do interior, especialmente os de natureza rural. Não se pretende com isto dizer que a industrialização e a urbanização são fenómenos que contrariam o Desenvolvimento! O se pretende dizer é que as Políticas de Desenvolvimento orientadas para um sector e/ou área, discriminando outros sectores e/ou áreas, isto é, que não sejam transversais a todos os sectores de actividade e que não tomem em consideração as diversas realidades dos territórios locais não promovem de facto Desenvolvimento Social. Não existe verdadeiramente

Desenvolvimento Regional e Nacional enquanto as políticas implementadas provocarem assimetrias regionais e locais e, desta forma, contribuam para a desigualdade de oportunidades para as populações que residem nos diversos territórios locais. Felizmente que a criação da UMVI e a formulação do Plano Nacional para a Coesão do Território anunciam que aquele tipo de políticas serão corrigidas com a preocupação de, a curto prazo, minimizar e, a longo prazo, eliminar, os males de que o mundo rural e o interior presentemente padecem.

Na discussão e análise do fenómeno da desertificação é fundamental não esquecer que o Desenvolvimento de um País não se faz desenvolvendo umas regiões em detrimento de outras. Isto porque, as assimetrias regionais constituem um estigma no processo de Desenvolvimento e, além disso, sendo fontes de descontentamento social, são núcleos geradores de conflitos sociais. Com efeito, nenhum País se pode arrogar o direito de se assumir Desenvolvido ou mesmo em Desenvolvimento enquanto as suas políticas não tomarem em consideração o todo nacional e tiverem como resultado o aumento de assimetrias regionais e locais. E isto porque as disparidades regionais, promovendo e alimentando o fluxo migratório das zonas menos desenvolvidas para as regiões mais desenvolvidas, não só provocam a desertificação humana das zonas mais desfavorecidas como aumentam a pressão demográfica nas zonas mais ricas criando nestas problemas e tensões sociais, cuja remediação é normalmente mais cara do que financiar e promover o desenvolvimento das zonas menos desenvolvidas.

O processo de Desenvolvimento pressupõe justiça social, igualdade de oportunidades, e promoção de qualidade de vida para todos os indivíduos qualquer que seja a sua condição e local de residência. Por outro lado, estamos convictos que o Desenvolvimento Social só será possível se for concretizado ao nível do Local uma vez que não existe Desenvolvimento sem envolvimento dos cidadãos. Não se faz Desenvolvimento *para* as pessoas; o Desenvolvimento é feito *com* e *para* as pessoas. É, aliás, fundamentalmente devido ao facto de a *participação individual e social* constituir um fenómeno inerente ao processo de Desenvolvimento, que o Desenvolvimento não passa de um fenómeno abstracto se não estiver assente em processos e estratégias de <u>Desenvolvimento Local</u>. Com efeito, o Local é o sítio onde estão as pessoas *com* e *para* as quais se faz o Desenvolvimento. É assim que, o chamado Desenvolvimento Nacional não passa de uma abstracção enquanto não tiver por base o Desenvolvimento de cada Local do território nacional.

O designado Desenvolvimento Económico (que de facto significa crescimento económico) deve ser entendido e utilizado como mero instrumento do Desenvolvimento Social seja este referido ao espaço Local, Regional ou Nacional. Isto é, o Desenvolvimento Económico deve ser entendido como um meio para atingir o objectivo estratégico constituído pelo Desenvolvimento da Sociedade Humana. Com efeito, o Desenvolvimento cujo significado é "retirar as amarras" só terá esta natureza se estiver centrado no indivíduo e na comunidade local.

Desertificação e ruralidade são pois dois fenómenos que, infelizmente, parecem estar associados. Infelizmente porque **desertificação** é algo que devemos contrariar e **ruralidade** constitui uma característica que devemos preservar e promover. De facto, ruralidade não deve ser vista como um estigma, mas sim como uma qualidade da sociedade humana. O território em si, embora influencie e condicione, não dita em absoluto o bem-estar nem as expectativas das comunidades. São as relações entre os seres humanos que condicionam as relações entre as comunidades e os territórios. Neste sentido, a ruralidade é uma virtualidade que se consubstancia na forma criativa e diferenciada de uma comunidade e um território assumir a civilização. Assim sendo, a **ruralidade** leva as comunidades locais a **preservarem** aquilo que as identifica e promove, e **superarem** com criatividade aquilo que as impede de desenvolver. A ruralidade faz parte do património de uma comunidade e de um território adquirindo, ao nível local, a qualidade de recurso endógeno sobre o qual se deverão ensaiar os objectivos estratégicos para o Desenvolvimento dessa comunidade e desse território. De facto, a base de uma sociedade é o território e as relações dos indivíduos com esse território. Neste sentido, uma comunidade rural terá tanto mais sucesso quanto melhor souber interpretar as relações com o seu território e conseguir inovar na forma como as desenvolve. Para além da contribuição que, modestamente, pensamos ter dado para a discussão sobre a desertificação no Alentejo, esperamos ainda ter deixado alguma matéria de reflexão para a implementação do Plano Nacional para a Coesão Territorial que consideramos constituir uma verdadeira oportunidade para debelar a desertificação desta Região.

4 - ALENTEJO, ALQUEVA E AGRICULTURA FAMILIAR[7]

Em quase toda a Europa do Sul e, em particular, em Portugal, a maioria da agricultura praticada é de natureza essencialmente familiar. Esta agricultura encontra-se já com características bastante diferenciadas da designada agricultura camponesa. A primeira dessas características consiste no facto de a agricultura familiar se inserir num quadro social muito mais mercantilizado do que o quadro social em que se insere a agricultura camponesa. Isto é, a reprodução das explorações familiares processa-se sob maior influência do mercado do que as explorações camponesas. Por outro lado, a agricultura familiar caracteriza-se por ter maior autonomia nas relações que estabelece com a natureza, com o meio social e político exterior e ainda com a comunidade local em que se insere, do que a agricultura camponesa (Baptista, 1994). Persistem, no entanto, algumas características que são comuns aos dois tipos de agricultura, como sejam o facto da maioria do trabalho despendido na exploração ser executado por membros do agregado familiar e o facto de estes perseguirem objectivos comuns em relação à exploração. Quer isto dizer que se verifica

---

[7] Texto retirado da Publicação de Eduardo Figueira e Isabel Gomes Coelho (2005). "ALQUEVA E A AGRICULTURA FAMILIAR. O caso da Freguesia da Amieira". Évora: ECO-Humanus

uma evidente simbiose entre a unidade produtiva e a unidade de consumo, característica dos dois tipos de agricultura referidos (Baptista, 1994).

Nesta perspectiva, pode dizer-se que o universo das unidades agrícolas familiares é extremamente vasto e variado. De facto, os aspectos relacionados com a estrutura do agregado familiar e tipo de relações que se estabelecem entre a família e a empresa, bem como questões relacionadas com a estrutura da exploração e a sua gestão, são bastante variados e heterogéneos entre as diferentes explorações, não sendo por isso possível apresentar um modelo único de exploração agrícola familiar e/ou de família que represente este tipo de unidades.

No presente artigo, considera-se como agricultura familiar toda a actividade agrícola realizada por explorações agrícolas que essencialmente e cumulativamente cumpram os seguintes critérios: (1) A gestão da exploração é função da família, isto é, todas as decisões relacionadas com a exploração, quer estas sejam de compra e venda de capital, obtenção de empréstimos ou extinção da exploração, são exclusivamente tomadas pela família, para além obviamente de aspectos relacionados com a gestão do trabalho e da produção; (2) A propriedade e posse da terra são da família; (3) a mão-de-obra ao serviço da exploração é maioritariamente familiar, significando que mais de 50% do trabalho utilizado na exploração é realizado por membros da família e não por mão-de-obra assalariada.

A grande maioria dos agricultores familiares não se enquadra na categoria de empresários cujo objectivo principal é a maximização do lucro, visto que, em todo o processo de tomada de decisões, os objectivos gerais e as estratégias adoptadas se alargam ao projecto da família e às funções desempenhadas por cada membro (Barros e Fragata, 1992). Isto é bem evidente neste tipo de explorações não só pelo facto de a família agrícola não limitar a sua actividade produtiva na exploração com base na remuneração média dos capitais envolvidos no processo de produção e ainda, como tantas vezes acontece, pelo motivo de não contabilizar como custos os juros dos capitais próprios e a renda da terra que cultiva por conta própria (Baptista, 1995). Para além disso, neste tipo de explorações o trabalho familiar não é, usualmente, remunerado ou valorizado aos preços de mercado, mantendo-se estas explorações em funcionamento sem a contabilização do tempo despendido pelo agregado familiar na exploração agrícola ou com a valorização da mão-de-obra familiar a preços inferiores aos do mercado (Baptista, 1995).

A ligação da família à exploração mantém-se muitas vezes devido ao facto de esta desempenhar a função de residência e ter papel relevante no autoconsumo da família ou ainda, em muitos outros casos, por questões relacionadas com a pertença de um património, de que se destaca a propriedade da terra (Baptista, 1995 e 2001). Não tendo a maximização do lucro como objectivo principal, o agricultor familiar tem, na maioria dos casos, em vista a manutenção e continuação da exploração. Contudo, dependendo largamente do tipo de unidades familiares, o agricultor familiar procura, essencialmente: "a obtenção de receitas monetárias na exploração, mais ou menos elevadas; segurança no aprovisionamento de estratégias de sobrevivência e abrigo; diversificação e associação de estratégias de subsistência e de abertura ao mercado; prevenção face às vicissitudes do mercado; emprego exterior do marido ou dos filhos; ocupação da mulher na actividade agrícola" (Barros e Fragata, 1992:5).

Tradicionalmente, a pequena exploração agrícola e, especialmente, as explorações agrícolas familiares têm-se articulado com o sistema económico através da produção de bens (essencialmente alimentares) e pelo fornecimento de mão-de-obra para outros sectores. No entanto, actualmente, decorrente em parte da Política Agrícola Comum (PAC) como dos acordos de comércio internacional livre, a sobrevivência de grande parte das pequenas agriculturas familiares portuguesas (e mesmo as localizadas em toda a região Sul da Europa) depende fundamentalmente de rendimentos exteriores, designadamente subsídios atribuídos no quadro das políticas agrícolas ou sociais dos Estados ou da União Europeia.

Tomando em consideração o contexto de política agrícola considerou-se relevante analisar e discutir algumas tipologias de agricultura familiar para melhor compreender o alcance do impacto do Empreendimento de Fins Múltiplos de Alqueva neste grupo de agricultores. Embora existam diversas tipologias de agricultura familiar, no presente estudo considerou-se adequado discutir e analisar três tipologias de agricultura familiar construídas com base em diferentes critérios.

Uma primeira tipologia apresentada por Oliveira Baptista (1993) considera como critério discriminante a origem do rendimento da família. Com base naquele critério, as diferentes explorações agrícolas portuguesas de natureza familiar são agrupadas em uma das três seguintes categorias: (1) unidades agrícolas familiares em que o rendimento da família assenta principalmente na produção agrícola realizada na própria exploração, designada por agricultura familiar de produção, (2) unidades agrícolas em que o rendimento da família tem essencialmente origem exterior à exploração, designadamente do rendimento trazido por membros do agregado familiar que trabalham fora da exploração, designada por agricultura familiar de trabalho, e (3) unidades em que o rendimento familiar é fundamentalmente proveniente de apoios sociais, nomeadamente pensões e reforma, designada por agricultura com apoio social (Baptista, 1993).

De acordo com esta tipologia a agricultura familiar que se identifica com a função de produção enquadra todas as explorações agrícolas em que o rendimento da família tem por base, exclusiva ou principalmente, a produção realizada na exploração, quer seja destinada ao mercado quer ao autoconsumo da família (Baptista, 1993). Este tipo de unidades de agricultura familiar são as que mantêm maior relação com o mercado de produtos agrícolas e são, naturalmente, as que se encontram geralmente melhor equipadas e praticam uma agricultura mais intensiva. Para além disso e como seria de esperar, estas explorações agrícolas apresentam uma dimensão económica superior à média do universo da agricultura familiar portuguesa (Baptista, 1993).

Nas unidades agrícolas em que o rendimento da família provém essencialmente do exterior à exploração (2ª categoria da tipologia), isto é, aquelas em que parte dos elementos do agregado familiar desenvolve actividades lucrativas fora da exploração, designada por agricultura familiar de trabalho, a dimensão do agregado familiar é menor que o das explorações agrícolas identificadas pela função produção e têm, em geral, uma dimensão física muito inferior, não tendo por isso capacidade para absorver mais mão-de-obra e para intensificar a produção. Por outro lado, e embora estas unidades familiares levem ao mercado alguma da sua produção, centrada geralmente em um ou dois produtos agrícolas, a relação com o sistema económico é feita essencialmente através do relacionamento dos membros do agregado familiar com o mercado de trabalho. De qualquer forma, o rendimento obtido com a venda da produção no mercado, bem como os produtos usados para autoconsumo, assumem, nestas unidades agrícolas familiares, uma importância relevante na economia da família (Baptista, 1993). Por último, as explorações agrícolas que se inserem na agricultura familiar cujo rendimento familiar é proveniente de apoios sociais são explorações cuja sobrevivência depende unicamente de fluxos monetários originários do Estado como é o caso das pensões de reforma e subsídios de natureza social (Baptista, 1993). Estas unidades agrícolas caracterizam-se por terem agregados familiares de pequena dimensão, bem como pelo facto de os responsáveis pela exploração possuírem uma idade avançada. Caracterizam-se ainda por terem uma dimensão física bastante pequena. (Baptista, 1993)

Esta interessante tipologia, que ainda hoje pode ser utilizada, apresenta no entanto o inconveniente de estar de certa forma desactualizada devido ao facto de não considerar os apoios e incentivos decorrentes da PAC da União Europeia. O motivo pelo qual aqueles apoios não foram considerados na elaboração da tipologia deve-se ao facto de ter sido elaborada com base nos Recenseamentos Agrícolas do Continente de 1979 (RAC/79), anteriores à entrada de Portugal na então Comunidade Económica Europeia (CEE), bem como à entrada em vigor da Política Agrícola Comum (PAC). Uma vez que a concessão de subsídios e apoios aos agricultores no quadro da PAC veio alterar de uma forma muito evidente o panorama agrícola português, nomeadamente no que se refere à origem do rendimento do produtor e das famílias agrícolas, considerou-se pertinente analisar outras tipologias de agricultura familiar como são o caso das apresentadas por João Paulo Marques (2004) e por Rosária Casinha (s/d).

Embora a tipologia definida por João Paulo Marques não esteja especificamente construída para o universo da agricultura familiar, enquadra diferentes tipos de explorações agrícolas familiares. Na construção desta tipologia, Marques (2004) tomou em consideração os seguintes critérios: (1) a região agrária ou autónoma (RA); (2) a dimensão económica das explorações (DE) que classifica o universo das explorações agrícolas portuguesas em sete classes de dimensão económica de acordo com a Margem Bruta Total da exploração; (3) a orientação técnico-económica (OTE) das explorações, que identifica as explorações de acordo com a proporção da margem bruta gerada por cada actividade agro-pecuária da exploração na margem bruta total da exploração; (4) as modalidades de articulação com o sistema sócio-económico e de racionalidade económica (MOD), que relaciona a natureza jurídica do produtor com a proveniência do rendimento de que dispõe o seu agregado doméstico e por último, (5) o grau de dependência para com os apoios da União Europeia, classificando as explorações de acordo com a relação do rendimento líquido total da actividade agrícola com os níveis de apoio total e de ajuda directa (relação com o mercado e os apoios) (Marques, 2004).

Com base nos critérios acima referidos e no Recenseamento Geral Agrícola de 1999, Marques identificou e caracterizou, nove tipos de Agricultura em Portugal, dos quais 6 foram identificados como agricultura familiar: (1) agricultura familiar-empresarial dependente de ajudas directas; (2) agricultura familiar-empresarial dependente do mercado mas com suporte de preço; (3) agricultura familiar-empresarial dependente do mercado, sem suporte de preço; (4) agricultura familiar-empresarial com articulação com o exterior; (5) explorações tradicionais dependentes da actividade agrícola; (6) explorações familiares tradicionais dependentes de articulações com a envolvente sócio-económica (Marques, 2004).

Na agricultura familiar–empresarial dependente de ajudas directas, incluem-se as explorações em que a mão-de-obra é predominantemente familiar e cujos rendimentos são na maioria provenientes da exploração. São explorações com dimensão económica superior a 8 ude (unidade de dimensão europeia)[8], que beneficiam de apoios totais superiores a 50% do rendimento líquido total, maioritariamente sob a forma de ajudas directas ou com um peso significativo destas. São explorações com especialização na produção de culturas arvenses e produção de herbívoros em policultura, situando-se a maioria delas no Alentejo (Marques, 2004). As explorações identificadas com o tipo 2, agricultura familiar-empresarial dependente do mercado mas com suporte de preço, são também explorações predominantemente familiares, com dimensão económica superior a 8 ude, que obtêm o seu rendimento maioritariamente da exploração e através do mercado, mas predominantemente através de produtos que beneficiam de suporte de preços. A sua especialização técnico-económica é a produção de bovinos de leite e encontram-se na sua maioria situadas na região de Entre

---

[8] Unidade que expressa a dimensão económica da exploração, isto é, a soma da Margem Bruta Potencial das actividades agro-pecuárias da exploração e que corresponde a 1191.312€.

Douro e Minho, Beira Litoral e na região autónoma dos Açores (Marques, 2004).

A agricultura familiar-empresarial dependente do mercado, sem suporte de preço, identificada com o número 3, inclui explorações com mão-de-obra predominantemente familiar, com rendimentos na sua maioria provenientes da exploração, de dimensão económica superior a 8 ude e com apoios totais inferiores a 50% do rendimento líquido total. São na sua maioria especializadas na produção de frutos frescos, onde se incluem os citrinos, bem como na produção de culturas permanentes combinadas ou dominantes e na produção de ovinos e caprinos. Localizam-se na sua maioria na região do Ribatejo e Oeste e na região de Trás-os-montes. O tipo 4, a agricultura familiar-empresarial com articulação com o exterior, caracteriza-se por se encontrarem inseridas neste tipo, explorações com mão-de-obra maioritariamente familiar, possuindo uma dimensão económica superior a 8 ude, mas com rendimentos maioritariamente provenientes do exterior da exploração. A sua orientação técnico-económica encontra-se direccionada maioritariamente para o cultivo de frutos frescos e culturas permanentes combinadas ou dominantes. Localizam-se maioritariamente na região do Ribatejo e Oeste, seguindo-se a região de Entre Douro e Minho e Trás-os-montes (Marques, 2004).

As explorações tradicionais dependentes da actividade agrícola (tipo 5) são explorações de dimensão económica inferior a 8 ude e de rendimentos predominantemente provenientes da exploração. Incluem-se neste tipo tanto explorações familiares como explorações classificadas como empresariais mas que pelas suas características se aproximam das explorações familiares. Possuem uma orientação técnico-económica maioritariamente vegetal nomeadamente para a produção de culturas permanentes combinadas ou dominantes, a produção de frutos frescos, a produção de vinhos de qualidade e a produção de hortícolas e flores intensivas ao ar livre, sendo também importante a produção de suínos. Este tipo de explorações encontra-se na sua maioria situadas em Trás-os-montes, na região de Entre Douro e Minho e Beira Litoral (Marques, 2004).

Por último, as explorações do tipo 6, explorações familiares tradicionais dependentes de articulações com a envolvente sócio-económica, que se subdividem em três subtipos: a) explorações familiares tradicionais com articulações com os sectores secundário e terciário; b) explorações familiares dependentes de articulações com o meio social e c) agricultura familiar dependente de outras articulações. No geral estas explorações são explorações familiares tradicionais de pequena dimensão económica (<8 ude) com rendimentos provenientes na maioria de fontes exteriores à exploração, diferenciando-se os subtipos de acordo com a proveniência destes rendimentos. Assim, para as explorações enquadradas no subtipo a) aqueles rendimentos têm origem em salários do sector secundário ou terciário, encontrando-se vocacionadas para a produção de culturas permanentes combinadas ou dominantes e para a produção de olival. Situam-se na sua maioria nas regiões da Beira Litoral, Entre Douro e Minho e Ribatejo. As explorações enquadradas no subtipo b), em que os rendimentos da exploração têm origem em pensões e reformas, encontram-se vocacionadas para a produção de culturas permanentes dominantes ou combinadas e olival e situam-se a maioria na Beira Interior e no Algarve. Por último, as explorações inseridas no subtipo c) cujos rendimentos provêm maioritariamente de juros, remessas de emigrantes, salários do sector primário, actividade empresarial noutros sectores, entre outros, encontram-se vocacionadas na maioria para a produção vinícola, encontrando-se situadas no Alentejo e Algarve (Marques, 2004).

Esta tipologia sem dúvida bastante completa, afigura-se, no entanto, de aplicação algo complexa. Acresce que a sua construção teve por base critérios que não se adequam apenas ao universo da agricultura familiar. Por esta razão considerou-se pertinente analisar ainda a tipologia definida por Rosária Casinha (s/d), uma vez ter sido esta construída exclusivamente para o universo da agricultura familiar e ter por base a realidade agrícola familiar da região Alentejo. Assim, a tipologia definida por Rosária Casinha, tem em consideração o universo de explorações agrícolas alentejanas para as quais se verificam as seguintes dimensões: (1) dimensão do *poder*, ou seja, a dimensão segundo a qual um ou mais proprietários da empresa despende grande parte ou a totalidade do seu tempo a trabalhar na mesma, nomeadamente nas actividades de gestão da empresa; (2) dimensão de *propriedade*, ou seja aquela que assegura que parte da empresa (normalmente a maior) pertence à família; (3) dimensão da *família*, em que se verifica o facto de a continuidade da gestão da empresa agrícola estar assegurada pela presença de uma segunda geração actual na empresa; e ainda a (4) dimensão da *mão-de-obra familiar*, que assegura o facto da mão-de-obra familiar despendida na exploração representar pelo menos metade da totalidade da mão-de-obra total despendida na empresa (Casinha, s/d). Assim, Casinha identificou 3 tipos de empresa agrícola familiar de acordo com as seguintes variáveis: (1) idade do produtor; (2) anos do produtor como chefe de exploração; (3) sexo do produtor; (4) anos de escolaridade do produtor; (5) número de assalariados permanentes; (6) número de assalariados temporários (dias/ano); (7) superfície total da exploração; (8) número de parcelas que constituem a exploração; (9) rendimento da exploração; (10) encargos da exploração (Casinha, s/d). O primeiro tipo definido, apresenta como característica fundamental o facto de os membros da família, incluindo o próprio produtor/gestor, possuírem outra actividade exterior, tanto no sector agrícola como noutros sectores, que complementam a actividade exercida na exploração. Os produtores inseridos neste tipo desempenham o papel de gestor da exploração são na sua maioria do sexo masculino e bastante envelhecidos. As explorações inseridas neste tipo são de pequena dimensão (< 4 Ha), em que o trabalho desempenhado na exploração é quase exclusivamente familiar. As explorações inseridas neste tipo localizam-se maioritariamente no Baixo Alentejo, seguido pelo Alto Alentejo (Casinha, s/d).

As explorações agrícolas inseridas no tipo 2 caracterizam-se principalmente pelo facto de o rendimento obtido no exterior da exploração constituir a percentagem mais significativa do rendimento do agregado, representando para a maioria dos casos, mais de metade do rendimento total do agregado. Os produtores são na sua maioria do sexo feminino, sendo relativamente mais jovens que os produtores inseridos no tipo 1. As explorações inseridas neste tipo são de maior dimensão que as do tipo anterior, sendo, no entanto, ainda consideradas como pequenas explorações e situam-se na sua maioria no Alentejo Central e no Baixo Alentejo (Casinha, s/d).

Por último, o tipo 3 caracteriza-se principalmente por as famílias nele inserido retirarem da actividade exercida na exploração o rendimento suficiente para a sua vivência. Os produtores inseridos neste tipo são na sua maioria do sexo masculino e são os menos envelhecidos dos três tipos anteriormente apresentados. As explorações possuem uma dimensão média e recorrem ao uso de trabalho assalariado, temporário e permanente, para além da mão-de-obra familiar (Casinha, s/d). Esta tipologia, embora construída para o universo de agricultura familiar no Alentejo, foi efectuada com o intuito de identificar estratégias para as famílias/explorações agrícolas alentejanas, com vista a delinear o seu contributo para o desenvolvimento integrado e sustentável da região Alentejo. Neste sentido, Casinha atribuiu um peso maior às variáveis que caracterizam sociológica e demograficamente o produtor/gestor, em detrimento das variáveis que caracterizam a exploração e as decisões de gestão do produtor em relação à exploração.

O universo de agricultores familiares analisados no contexto da freguesia da Amieira foi definido com base na satisfação das três condições: (1) A gestão da exploração é função da família; (2) a propriedade da terra é da família; e (3) a mão-de-obra ao serviço da empresa é maioritariamente familiar (Casinha e Figueira,

1995). De notar, contudo, que os agricultores analisados da Freguesia da Amieira demonstraram possuir características muito diferentes entre eles, nomeadamente no que diz respeito à dimensão das explorações, ao tempo dedicado à exploração pelo produtor e pela sua família, bem como ao destino dado à produção agrícola da exploração, entre outras. Assim, uma vez que o impacto do empreendimento teria repercussões diferentes de acordo com certas características da família e da exploração em análise, construiu-se uma tipologia de agricultura familiar para o universo de agricultores familiares da freguesia de amieira tendo em vista simplificar a leitura da realidade local e dos impactos que o EFMA teve sobre a agricultura familiar. Esta tipologia, sem deixar de tomar em consideração a definida por Casinha (s/d), foi construída tendo por base o destino dado à produção pelos produtores. Considerou-se que o destino da produção constituía um factor da maior relevância para estimar o impacto do EFMA na agricultura familiar da Freguesia da Amieira. Nesta perspectiva, delimitaram-se três tipos de unidades familiares: (1) As explorações Tipo I, onde se inserem as unidades cuja produção obtida na exploração é exclusivamente para autoconsumo das famílias, (2) as explorações Tipo II onde se englobam as unidades cujo destino dado à produção é, para além do autoconsumo, a venda para o mercado e, por último, (3) as explorações Tipo III que incluem as unidades com produção exclusiva para o mercado.

5 - TERRITÓRIOS DE BAIXA DENSIDADE, DEMOGRAFIA E DESENVOLVIMENTO

Construir o Desenvolvimento não constitui tarefa fácil para a maioria das comunidades locais, designadamente as dos territórios de baixa densidade, quase sempre envelhecidas e sujeitas a um processo preocupante de desertificação humana. Esta realidade, que se vive na maioria das comunidades localizadas no interior do território é o resultado do efeito de uma complexidade de factores, fortemente interrelacionados entre si, dos quais se destacam o nível educacional, de cidadania e democracia participativa, a igualdade de oportunidades, e, especialmente, a vontade e apoio dos agentes políticos designadamente dos que têm a responsabilidade de governar o País. É preciso não esquecer que, embora o Desenvolvimento não se ofereça, o Estado, através das organizações públicas e demais agentes políticos, está obrigado a criar as condições favoráveis à promoção do Desenvolvimento Local em todos os territórios locais, ou seja, proporcionar as oportunidades para que as comunidades locais possam delinear e implementar Estratégias de Desenvolvimento Local nos seus territórios com o propósito de melhorar a sua qualidade de vida. Para este efeito, consideramos ser indispensável delinear e implementar uma Política de Desenvolvimento Regional para o território português (continente e ilhas) que deverá ser concretizada através de uma Lei de Bases do Desenvolvimento Regional e Local cujo propósito essencial é não só permitir uma melhor gestão do território e seus equipamentos e infra-estruturas como federar de forma adequada as diversas políticas públicas aos níveis regional e local. A concepção e estabelecimento de uma Política Pública de Desenvolvimento Regional e Local permite não só expressar a vontade política dos responsáveis governativos como também servir de guia para a convergência dos objectivos estratégicos definidos a nível local e regional com os Objectivos Estratégicos Nacionais. Só desta forma se conseguirá construir e promover de forma harmoniosa o Desenvolvimento Nacional e contribuir para a coesão social e territorial de todas as comunidades e territórios locais.

Nunca é demais enfatizar que construir desenvolvimento, promover a qualidade de vida e do bem-estar das comunidades locais só é possível através da concepção e implementação de uma verdadeira Estratégia de Desenvolvimento Local que para o efeito terá de assentar na promoção e valorização das características do local, na integração de todos os sectores de actividade de forma harmoniosa e na sustentabilidade e viabilidade social, ambiental e económica dos territórios locais e ainda na promoção da qualificação e da empregabilidade e na promoção do trabalho em rede tomando em consideração o fenómeno da globalização.

Tendo por base este quadro de princípios e convicções, é essencial chamar a atenção da população, em geral, e dos agentes políticos, em particular, para as consequências nefastas que o despovoamento e envelhecimento da população, a falta de oportunidades de trabalho, o crescente empobrecimento da população e a crescente dificuldade no acesso aos serviços básicos a que estão sujeitas as populações, poderão provocar no desenvolvimento dos territórios de baixa densidade. Esta realidade que se vive nestes territórios traduz bem a degradação social, económica e mesmo cultural de algumas das comunidades locais que se localizam no interior do território. O processo de desenvolvimento local está, pois, seriamente comprometido nos territórios de baixa densidade não só pelas razões acima referidas, mas, fundamentalmente, por razões de natureza demográfica. De facto, as populações desses territórios, para além de se encontrarem em um estado a que podemos designar por "rarefacção populacional", apresentam um acentuado envelhecimento que, associado a um contínuo e preocupante processo de desertificação humana, põe em causa a sua própria sustentabilidade. A situação é deveras preocupante pois, de acordo com estudos efectuados, neste momento existem municípios do interior como é o caso de Penamacor, Vila Velha de Ródão, Alcoutim e Oleiros em que a população idosa é já o triplo da população jovem. Nalguns casos ainda, a população com mais de 65 anos é cinco vezes superior à dos que têm menos de 15 anos. Estas localidades, uma vez que não conseguem atrair e fixar jovens, estarão, pois, "condenadas" à sua completa desertificação se não forem delineadas e implementadas estratégias e políticas públicas que contrariem o fenómeno de envelhecimento. O Índice de Envelhecimento (IE) (nº de pessoas com 65+ anos por 100 jovens com menos de 15 anos) também designado por "índice de vitalidade" de alguns municípios do interior mostra bem este fenómeno. Por exemplo, em Vila Real, o IE é de 140,9, o de Castelo Branco de 193,7 e o de Évora de 154,8. É, pois, necessário estancar e mesmo inverter este processo de degradação dos territórios e comunidades locais através do delineamento e implementação de Estratégias Locais de Desenvolvimento. Para o efeito, é fundamental promover acções de reflecção no seio das comunidades locais com o propósito de pensar e agir sobre as questões que estão a travar o desenvolvimento no local e sobre as estratégias que devem ser implementadas para promover o desenvolvimento nos territórios. Isto porque o Desenvolvimento apenas se concretiza a nível Local uma vez que o processo de Desenvolvimento requer a participação activa dos actores locais, seus destinatários.

As estratégias de Desenvolvimento Local têm a capacidade de gerar sociedades mais democráticas através da promoção da cidadania activa das comunidades locais quer em espaços rurais como urbanos. Esta capacidade do DL é, aliás, uma das condições para que o Desenvolvimento Local se afirme como uma estratégia sustentável e duradoura para a promoção das economias locais e, consequentemente, para a melhoria da qualidade de vida das respectivas comunidades. Neste sentido, é fundamental promover e fortalecer parcerias locais estratégicas que tomem na sua mão o desenho e condução das estratégias de Desenvolvimento Local para os respectivos territórios. Estas estratégias locais de desenvolvimento que devem assentar em intervenções de natureza multissectorial em detrimento das ineficazes (e já estafadas) lógicas sectoriais, deverão não só valorizar os produtos locais como diversificar a economia criando emprego ligado às iniciativas locais. Só trilhando este caminho se conseguirá verdadeiramente atingir resultados duradouros de desenvolvimento para as comunidades e territórios locais.

O Desenvolvimento de um território não pode ser conceptualizado em termos puramente económicos. A economia sendo, sem sombra de dúvida, uma componente indispensável em qualquer estratégia de Desenvolvimento não pode, no entanto, ser assumida como a mais importante e muito menos como o único aspecto a tomar em consideração. De facto, o crescimento económico não pode ser confundido com o próprio processo de Desenvolvimento e/ou ser promovido de forma desenquadrada de outras dimensões como sejam o bem-estar social, a cultura e a preservação do meio ambiente. Por outro lado, o pressuposto, frequentemente assumido por alguns responsáveis políticos no passado recente, de que o Desenvolvimento de uma região é essencialmente promovido através de estratégias que levem ao puro crescimento económico, à concentração urbana e/ou industrialização nesse território, está totalmente desadequado face à finalidade última do Desenvolvimento que é a promoção da qualidade de vida da população. Neste sentido e tomando em consideração que esse fim último do Desenvolvimento deve ser assumido como um BEM PARA TODOS, é indispensável, designadamente para as regiões de forte ruralidade, de baixa densidade e localizadas em áreas marginais, como é o caso do Interior do território português, procurar novos caminhos para o processo de Desenvolvimento.

Em resumo, a Construção do Desenvolvimento e a consequente Melhoria da Qualidade de Vida e do Bem-estar das comunidades e territórios de baixa densidade é possível desde que se tome em consideração não só os recursos locais como também se promovam políticas e estratégias nacionais que possam apoiar e fertilizar as iniciativas locais. A grande maioria dos territórios de baixa densidade possui equipamentos sociais como outros recursos diferenciadores (identidades locais) que podem e devem ser utilizados em benefício das populações locais. Neste sentido, é fundamental promover o envolvimento activo dos actores sociais locais na concepção, planeamento, implementação e gestão de uma estratégia adequada de Desenvolvimento Local no quadro de uma estrutura tecnicamente apetrechada com recursos humanos especializados na problemática do Desenvolvimento Local como é o caso das Associações de Desenvolvimento Local. Nesta perspectiva, considera-se de extrema importância que, no quadro da Estratégia Portugal 2020, sejam delineadas e implementadas medidas e instrumentos de política que promovam a cooperação entre os diversos actores sociais evitando criar fissuras relacionais dentro do sector onde se enquadra a actividade das organizações de economia social e solidária. Sem menosprezar a importância do papel que as empresas privadas, nomeadamente as PMEs, desempenham na promoção do Desenvolvimento Local, não nos podemos esquecer da relevância do papel único das organizações da Economia Social e Solidária para esse Desenvolvimento. O universo da Economia Social e Solidária tem a capacidade não só de contribuir para a economia local através da produção de bens e serviços como ainda possui a indispensável natureza solidária que é essencial para o Desenvolvimento da Sociedade Humana.

No quadro destes propósitos e convicções considera-se relevante, oportuno e, mesmo essencial, clarificar o conceito de economia social e solidária uma vez que se verifica alguma "nebulosidade" no entendimento que a sociedade em geral e alguns responsáveis políticos, em particular, fazem do papel da economia social e solidária na sociedade. Esta nebulosidade pode vir a prejudicar a actividade em geral de parte do universo da economia social e solidária e, em particular, o seu acesso aos programas e fundos da Estratégia Portugal 2020 prejudicando o direito de acesso ao desenvolvimento dos principais destinatários, as populações locais.

A expressão Economia Social e Solidária é utilizada, globalmente, para designar o conjunto de movimentos e de organizações sociais e solidárias que têm como principal missão dar respostas económicas, sociais, culturais e ambientais a diferentes problemas identificados nos territórios e comunidades onde actua utilizando e fazendo apelo aos recursos locais e à sua fertilização com recursos exógenos, designadamente colocados à disposição pelos instrumentos incritos nos Quadros Comunitários. Isto significa que a Economia Social e Solidária não tem apenas a dimensão solidária (de apoio a públicos desfavorecidos ou necessitados) mas possui também a capacidade de criação de valor contribuindo desta forma para as economias locais e, consequentemente, para a economia nacional.

A economia social e solidária, também muitas vezes designada por terceiro sector, distingue-se da economia, dita de mercado, pelo facto de não distribuir lucros, isto é, são organizações sem fins lucrativos. Isto não significa contudo que estas organizações não produzam excedentes (que na economia de mercado se designam por lucros). A diferença está no destino dos excedentes que, em vez de servirem para remunerar o capital, são utilizados para reinvestimento na própria actividade da organização. Por outro lado, distingue-se do sector público por se auto-governarem, terem a participação de trabalho voluntário e serem autónomas e independentes dos poderes públicos, embora, em alguns casos, devido a protocolos assinados com os agentes públicos, possam prestar serviço público e, nessa condição, serem obrigados (pelo protocolo) a seguir um conjunto de regras similares às dos serviços públicos.

A lei de Bases da Economia Social aprovada por unanimidade pelo Parlamento no ano de 2013 constitui, sem dúvida, um instrumento relevante e essencial para a compreensão e dinamização do sector mas não é suficiente. No que respeita ao DL é necessário legislar sobre o enquadramento do DL e suas organizações respeitando as diferentes dimensões existentes no Terceiro Sector. Neste sentido, considera-se fundamental formular uma Lei-Quadro para o Estatuto de ONG-DL cuja aprovação é essencial para a compreensão e apoio ao Desenvolvimento Local.

A sustentabilidade económica e política das organizações de economia social e solidária assenta na sua vitalidade democrática e capacidade de promover iniciativas de natureza diversa, combinando objectivos económicos, com propósitos políticos, sociais e ambientais no âmbito de interesses privados e/ou públicos. A vitalidade democrática constitui o segredo de mobilização de pessoas em redes de colaboração e solidariedade a vários níveis, garantindo soluções e resultados de longa duração melhor adaptados a diferentes situações. Esta forma organizativa constitui assim um caminho de esperança para encarar os desafios que se colocam às sociedades. Atentas estas características de diversidade do universo da economia social e solidária é, pois, fundamental que os regulamentos dos programas da estratégia Portugal 2020 tomem em consideração esta realidade e permitam igualdade de acesso a todo o tipo de organizações da economia social e solidária. Por outro lado, é também essencial que se reconheça o contributo que a economia social e solidária dá para as economias locais através da criação de valor contribuindo de forma significativa para o PIB nacional.

III

REGIONALIZAÇÃO

1 – REGIONALIZAÇÃO E DESENVOLVIMENTO LOCAL

Promover a **Regionalização** é, não só, um direito como um dever de todos os cidadãos Portugueses. Por um lado, como cidadãos, assiste-nos o direito de participar na definição das orientações para o desenvolvimento do local e da região em que vivemos. Por outro, a cidadania obriga-nos a contribuir para a solução dos problemas e desafios que se nos colocam em termos de Desenvolvimento da nossa Região e do nosso País. Isto é, *regionalizar* constitui não apenas uma condição para o aprofundamento da Democracia, como ainda uma necessidade para a promoção e orientação da mudança no sentido da melhoria da qualidade de vida para os cidadãos. Ou seja, o processo de regionalização assume-se como necessidade fundamental para a promoção do Desenvolvimento económico, social e cultural de toda e qualquer região e do País em geral.

De facto, o Desenvolvimento é promovido e realizado pelas pessoas tendo em vista aumentar a qualidade de vida dos indivíduos e da comunidade e, como tal, é um **Bem para todos e não apenas para alguns**. Isto é, o Desenvolvimento deve integrar as necessidades e perspectivas de todos e, assim sendo, exige a participação de todos. Por outro lado, a solução dos problemas do local, região ou país onde vivemos, requer a contribuição do conhecimento de cada um de nós. O conhecimento humano é um conhecimento colectivo e ninguém tem o dom de saber tudo. Portanto, a **solução dos problemas da sociedade apela para a participação de cada cidadão** e esta participação, ingrediente essencial da Democracia, requer que a decisão seja tomada o mais próximo possível do local onde acontecem as coisas. Ou seja, é fundamental implementar a regionalização para permitir a necessária e desejável participação dos cidadãos na solução dos problemas.

Por outro lado, o Desenvolvimento é um processo que só é real quando centrado nas realidades do mundo em que vivemos. Isto é, o Desenvolvimento é um conceito abstracto que só se concretiza ao nível do local e, como tal, pode dizer-se que não há *Desenvolvimento Nacional sem Desenvolvimento Local e Regional*. Para além disso, o Desenvolvimento requer uma abordagem integrada a qual aponta essencialmente para a consideração do *local* como espaço privilegiado de intervenção social. E, ainda que, sendo o Desenvolvimento um processo não alheio aos valores humanos, sociais e culturais da sociedade em que se processa, um País não pode ser considerado Desenvolvido *enquanto tiver uma região subdesenvolvida*. Isto é, o Desenvolvimento requer também o princípio da solidariedade e coesão social e territorial.

Assim sendo, parece evidente que as profundas assimetrias que hoje testemunhamos e que teimam em persistir só serão atenuadas e eliminadas através da regionalização. Ou seja, enquanto não forem criadas as regiões continuaremos a assistir ao agravamento dos desequilíbrios regionais. De facto, o território e as relações, que os seres humanos estabelecem e mantêm com ele constituem a base da sociedade e da economia. É por isso mesmo que uma sociedade só poderá aspirar ao Desenvolvimento na medida em que souber, antes de mais, inovar e criar formas adequadas de relacionamento com o seu território. Isto é, uma comunidade só poderá aspirar a uma melhor qualidade de vida na medida em que for capaz de promover a mudança adequada às realidades do território e às necessidades dos indivíduos que nele vivem. De facto, a edificação inovadora e criativa de um território passa pela permanente atribuição de funções e papeis aos indivíduos, preservando a sua identidade e suas aspirações e desenvolvendo formas de cooperação e planificação de forma a que o tecido social se renove e reconstitua continuamente.

Do que foi dito pode concluir-se que o processo de Desenvolvimento deve centrar-se nos seres humanos e seus valores individuais, sociais e culturais, assim como nas suas expectativas e aptidões no contexto da comunidade em que vivem. No entanto, isto só é possível através da aproximação do poder de decisão ao nível da execução. Por outras palavras, o

Desenvolvimento requer a tomada oportuna de decisões com base no conhecimento das realidades concretas. Dito de outro modo, a mudança e o Desenvolvimento requerem a Regionalização.

2 – ESCREVER E REFLECTIR SOBRE REGIONALIZAÇÃO

No momento em que este texto foi escrito o autor, que tinha por incumbência participar com artigos de opinião para a então revista **IMENSO SUL**, deu consigo a pensar se deveria ou não continuar a escrever e reflectir sobre a Regionalização. O primeiro impulso, irreflectido certamente, foi para, naquela época, deixar de escrever sobre esta questão uma vez que o resultado do referendo tinha sido no sentido de não se fazer a regionalização. Contudo, num segundo momento, o autor considerou ser relevante continuar a escrever e reflectir sobre a regionalização devido ao facto de então considerar esse processo como um dos mais importantes instrumentos para o aprofundamento da democracia Portuguesa e para a promoção do Desenvolvimento dos territórios locais e regionais da nação Portuguesa. Tal como então, o autor considera que, face ao papel que a regionalização desempenha na promoção do Desenvolvimento dos territórios locais e regionais, ser importante continuar a reflectir sobre esta questão e, neste sentido, a inclusão deste texto nesta publicação sobre Desenvolvimento Local foi considerada de grande relevância. Além disso, os defensores da Regionalização e até os antirregionalistas não compreenderiam o silêncio do autor naquela época que poderia até ser interpretado como decorrente de disciplina partidária já que, segundo muitos, o Partido Socialista teria metido a Regionalização na gaveta. Não foi nem é este o entendimento do autor pois essa situação (regionalização na gaveta) era apenas aparente e decorria de um conjunto de dificuldades que mais à frente são tentativamente explicados.

O autor continua a pensar que, ao contrário do que pensam os antirregionalistas, a Regionalização vai efectuar-se mais cedo ou mais tarde. É claro que o autor preferiria que a Regionalização tivesse já acontecido pois, como já acima afirmado, o processo da Regionalização é um vector fundamental para o aprofundamento da democracia Portuguesa e para a promoção do desenvolvimento local, regional e nacional e, como tal, não se deveria ter protelado a sua realização. É assim relevante voltar a esta questão no sentido de a colocar na agenda política.

O autor na época estava consciente de que o processo não pudesse ser implementado com a rapidez que os defensores da Regionalização desejariam. Por um lado, a Regionalização deve ser um processo amplamente participado e, esta coisa da participação, ingrediente fundamental de democracia, nem sempre é simples de promover e obter. Por outro lado, o autor estava (e está) também consciente de que não se podia (pode) fazer tudo de uma só vez, principalmente quando se herda um conjunto numeroso de problemas cuja solução é urgente e se tem pela frente uma oposição que, na sua grande maioria, tem como objectivo fundamental dificultar a actuação do governo e não a cooperação no sentido de encontrar a melhor solução para os problemas que afligem os Portugueses. O autor não pretende com isto dizer que a oposição não tem o direito de apresentar as suas próprias ideias e de chamar a atenção do governo para aquilo que, justificadamente, considere não ser bom para os Portugueses. Contudo, tal como então, o autor não entende que se criem dificuldades apenas pelo motivo de criar dificuldades como então e ultimamente se tem verificado.

Actualmente, tal como naquela época, a Regionalização enfrenta dificuldades de natureza diversa. Umas dificuldades, de natureza puramente antirregionalista, e tentativamente justificadas por motivos não fundamentados e, muitas vezes, por receios sem sentido, são protagonizadas por alguns sectores da oposição que, usando a estratégia do lobo com pele de cordeiro, tentam retardar o processo com a esperança de que o mesmo fique pelo caminho. Outras, no entender do autor aceitáveis, eram protagonizadas pelo Governo da época que, não só pela louvável filosofia de governar em diálogo como ainda e, fundamentalmente, devido à maior urgência que envolvia a resolução de outras questões e problemas entre os quais a adesão à moeda única, não tinha tempo para dar a atenção que a Regionalização merecia e necessitava. Outras ainda, de difícil compreensão, eram protagonizadas por defensores da Regionalização que, por razões completamente alheias ao processo, entendiam que o processo de Regionalização teria de passar, em primeiro lugar, pela definição de Regiões diferentes daquelas em que o território continental Português, em termos geográficos, administrativos e estatísticos estava já organizado. Esta questão de fazer depender o processo de Regionalização da definição de um novo arranjo de Regiões colocou naquela época (e provavelmente coloca ainda) o processo em risco. Isto é, a Regionalização, por estranho que pareça, enfrentou (e provavelmente enfrenta ainda) dificuldades vindas não apenas dos sectores antirregionalistas, mas também daqueles que a defendem. É, pois, para estes últimos que este texto é inserido nesta publicação de 2016 tentando alertar para as dificuldades que estão inadvertidamente a criar. E é pela convicção de que vale pena lutar por uma causa justa, o aprofundamento da democracia e a promoção de melhor qualidade de vida para todos os Portugueses, que o autor considera que VALE A PENA CONTINUAR A ESCREVER E REFLECTIR SOBRE A REGIONALIZAÇÃO EM PORTUGAL.

3 – REGIONALIZAR É UM IMPERATIVO DEMOCRÁTICO

A Democracia não se cria nem instala de um dia para o outro. A Democracia, como qualquer outro fenómeno humano, é um processo inacabado e imperfeito e por isso deve ser entendida e vivida como um processo dinâmico visando constantemente o seu aprofundamento de forma a oferecer a todos os cidadãos oportunidades crescentes de satisfazer as suas necessidades e de melhorar a qualidade de vida. Neste sentido, cabe perguntar como pode a Democracia contribuir para a satisfação das necessidades dos cidadãos? Através, naturalmente, de instrumentos que permitam aproximar a capacidade de decisão do nível onde estão as pessoas e onde se passam os problemas e se sentem as necessidades. Isto é, a Democracia deve conter em si instrumentos que permitam o seu aprofundamento e melhoria de forma a responder, de forma oportuna e adequada aos problemas que se colocam diariamente aos cidadãos. Quem melhor do que aqueles que sentem as necessidades e problemas poderá identificar e analisar essas necessidades e problemas e equacionar e implementar as soluções mais adequadas? Nesta perspectiva, a Regionalização constitui, no quadro do actual sistema político e face ao nível do nosso desenvolvimento social e económico, o instrumento mais adequado para enquadrar a resposta àquela pergunta. Para além disso, a Democracia é feita por todos os cidadãos e não apenas por alguns e, por isso, participar activamente no processo de desenvolvimento do País é não só um direito como um dever de todos os cidadãos.

Regionalizar o país não é, como alguns dizem e pensam, esquartejar o país. Regionalizar o País é um processo que permite aproximar o nível de decisão às comunidades locais já que apela para a participação dos cidadãos na resolução dos problemas que experienciam e, neste sentido, o processo de regionalizar constitui um instrumento para promover a democracia participativa. Nesta perspectiva, regionalizar pode ser entendido como um processo de aprofundamento democrático que se enquadra nos princípios e pressupostos da democracia participativa.

A democracia, *lato sensu,* não deve ser vista apenas como uma forma representativa de um Povo tomar, através de um conjunto de cidadãos eleitos por sufrágio universal, as decisões políticas mais adequadas e convenientes para a resolução dos problemas do presente e para delinear o seu desenvolvimento futuro. Um sistema verdadeiramente democrático pressupõe a possibilidade, direito e dever da mais ampla participação por parte de todos os cidadãos na vida da sociedade com o propósito de promover a qualidade de vida de todos. Isto significa que uma verdadeira Democracia deve ser entendida e vista como um sistema político que, para além de se configurar como tal num dado momento, deve conter instrumentos que levem ao aumento da participação de todos os cidadãos na vida da sociedade. Contudo, é necessário chamar a atenção para o facto de que uma participação real, plural e construtiva, efectiva e eficaz só é possível com instrumentos que possibilitem aproximar a capacidade de decisão para próximo das realidades locais onde mais fácil e adequadamente se podem diagnosticar e solucionar os problemas vividos. Quanto menor for o fosso entre executar e decidir maior será o nível de participação da população residente e, consequentemente, melhor será a Democracia. É, pois, neste contexto que o processo da regionalização deve ser visto e entendido. Regionalizar não é, portanto, apenas um processo de dividir o país em Regiões! Pelo contrário, regionalizar é um processo de juntar o País, um processo de aumentar a participação, de envolver os cidadãos nos seus próprios problemas e de os consciencializar para a necessidade, dever e direito de participar na resolução das questões que se colocam ao desenvolvimento de cada local e região e do País. Consciencializar os cidadãos para a necessidade da sua participação na definição e implementação das medidas e soluções políticas para os problemas por eles vivenciados constitui assim requisito fundamental para a promoção adequada e eficaz do Desenvolvimento Local e Regional.

O desenvolvimento económico e social de um território não é feito com base apenas no crescimento económico como muita gente pensa consciente ou inconscientemente. O Desenvolvimento económico e social de um território é um processo mais abrangente do que o crescimento económico uma vez que, para haver desenvolvimento, além de crescimento económico, é necessário haver igualdade de oportunidades, distribuição justa da riqueza produzida, justiça social, e resolução dos problemas de todos sem deixar ninguém de fora. Por outro lado, um verdadeiro sistema democrático assenta em princípios que protegem não só os direitos humanos fundamentais de todos os cidadãos como as suas liberdades de expressão e de religião e as oportunidades de participação na vida política, económica e cultural da sociedade.

Em resumo, pode dizer-se que a realização do processo da **Regionalização** constitui não só, um direito como um dever de todos os cidadãos Portugueses. Por um lado, como cidadãos, assiste-nos o direito de participar na definição das orientações para o desenvolvimento do local e da região em que vivemos. Por outro, a cidadania obriga-nos a contribuir para a solução dos problemas e desafios que se nos colocam em termos de Desenvolvimento da nossa Região e do nosso País. Isto é, *regionalizar* constitui não apenas uma condição para o aprofundamento da Democracia, como ainda uma necessidade para a promoção e orientação da mudança no sentido da melhoria da qualidade de vida para os cidadãos. Ou seja, o processo de regionalização assume-se como necessidade fundamental para a promoção do Desenvolvimento económico, social e cultural de todo e qualquer território local e região e do País em geral.

De facto, o Desenvolvimento é promovido e realizado pelas pessoas tendo em vista aumentar a qualidade de vida dos indivíduos e da comunidade e, como tal, é um *Bem para todos e não apenas para alguns*. Isto é, o Desenvolvimento deve integrar as necessidades e perspectivas de todos e, assim sendo, exige a participação de todos. Por outro lado, a solução dos problemas do Local, Região ou País onde vivemos, requer a contribuição do conhecimento de cada um de nós. O conhecimento humano é um conhecimento colectivo e ninguém tem o dom de saber tudo. Portanto, a *solução dos problemas da sociedade apela para a participação de cada cidadão* e esta participação, ingrediente essencial da Democracia, requer que a decisão seja tomada o mais próximo possível do local onde acontecem as coisas. Ou seja, é fundamental implementar a regionalização para permitir a necessária e desejável participação dos cidadãos na solução dos problemas.

Por outro lado, o Desenvolvimento é um processo que só é real quando centrado nas realidades do mundo em que vivemos. Isto é, o Desenvolvimento é um conceito abstracto que só se concretiza ao nível do local e, como tal, pode dizer-se que não há *Desenvolvimento Nacional sem Desenvolvimento Local e Regional*. Para além disso, o Desenvolvimento requer uma abordagem integrada a qual aponta essencialmente para a consideração do *local* como espaço privilegiado de intervenção social. E, ainda que, sendo o Desenvolvimento um processo não alheio aos valores humanos, sociais e culturais da sociedade em que se processa, um País não pode ser considerado Desenvolvido *enquanto tiver uma região sub-desenvolvida*. Isto é, o Desenvolvimento requer também o princípio da solidariedade e coesão social e territorial.

Assim sendo, parece evidente que as profundas assimetrias que hoje testemunhamos e que teimam em persistir só serão atenuadas e eliminadas através da *regionalização*. Ou seja, enquanto não forem criadas as *Regiões* com governos eleitos, continuaremos a assistir ao agravamento dos desequilíbrios regionais uma vez que a economia e a sociedade organizada e participativa dependem, em boa medida, das relações que os seres humanos estabelecem e mantêm entre si e com o território. É por isso mesmo que uma sociedade só poderá aspirar ao Desenvolvimento na medida em que souber, antes de mais, inovar e criar formas adequadas de relacionamento com o seu território. Isto é, uma comunidade só poderá aspirar a uma melhor qualidade de vida na medida em que for capaz de promover a mudança adequada às realidades do território e às necessidades dos indivíduos que nele vivem. De facto, a edificação inovadora e criativa de um território passa pela permanente atribuição de funções e papeis aos indivíduos que nele residem, preservando a sua identidade e suas aspirações e desenvolvendo formas de cooperação e planificação para que o tecido social se renove e reconstitua continuamente.

Do que foi dito pode concluir-se que o processo de Desenvolvimento deve centrar-se nos seres humanos e seus valores individuais, sociais e culturais, assim como nas suas expectativas e aptidões no contexto da comunidade em que se integram. No entanto, isto só é possível através da aproximação do poder de decisão ao nível da execução. Por outras palavras, o Desenvolvimento requer a tomada oportuna de decisões com base no conhecimento das realidades concretas, ou seja, a mudança e o Desenvolvimento requerem a Regionalização. Nesta linha de pensamento, o Desenvolvimento económico, social e cultural de um território e a forma como se deve delinear, implementar e avaliar constituem assim, sem sombra de dúvida, a razão indesmentível da necessidade de **regionalizar**.

4 - OS MEDROSOS DA REGIONALIZAÇÃO

Existem três grupos de *medrosos da Regionalização*: (1) Aqueles que têm medo por desconhecimento, (2) os que gostam de ser autoritários e não confiam nos outros e (3) aqueles que têm medo de perder privilégios. Embora a opinião das outras pessoas deva, como princípio, ser respeitada, parece legítimo dizer que aqueles que se incluem nos dois últimos grupos não merecem esse respeito. Não o merecem porque as razões que os levam a ser anti-regionalistas têm apenas a ver com interesses pessoais. De facto, os do *segundo grupo* não querem Regiões porque não querem seguir os princípios da democracia e pensam que só eles sabem e têm direito de saber ou ter opinião. Por outro lado, os do *terceiro grupo* não querem Regiões porque, não sabendo fazer mais nada, têm receio de perder os privilégios adquiridos por via do clientelismo.

A **Regionalização** é, não só, um direito e um dever de todos os cidadãos, como também uma necessidade imprescindível para enfrentar os desafios que se lhes colocam em termos de Desenvolvimento dos Locais, Região e País em que vivem. O Desenvolvimento económico, social e cultural e a forma como deve processar-se constitui, sem dúvida, a razão indesmentível da necessidade de **regionalizar**. Senão vejamos:

- O Desenvolvimento é feito pelos seres humanos tendo em vista melhorar a qualidade de vida para toda a comunidade humana. Isto é, o *Desenvolvimento é para todos e não apenas para alguns !*

- O Desenvolvimento só pode ser chamado Desenvolvimento se integrar as necessidades e perspectivas de todos. Ou seja, é necessário que todos participem no processo de Desenvolvimento. A *participação dos cidadãos é condição essencial para que haja Desenvolvimento.*

- O conhecimento humano é um conhecimento colectivo e ninguém tem o dom de saber tudo. Portanto, a solução dos problemas do Local, Região ou País onde vivemos, passa pela contribuição do conhecimento de cada um dos cidadãos. Isto é, a *solução dos problemas da sociedade apela para a participação de cada cidadão.*

- Desenvolvimento é um processo de aprendizagem e, neste sentido, é um processo que será sempre inacabado. É, pois, um processo que se alimenta dos problemas que surgem e cuja solução é preciso encontrar para a continuação do processo. *Todos temos o direito e o dever de manter o processo em marcha.*

- O Desenvolvimento é um processo que só é real quando enquadrado nas realidades do mundo em que vivemos. O Desenvolvimento é um conceito abstracto que só se concretiza ao nível do local. Por isso, *sem Desenvolvimento Local, não há Desenvolvimento Regional ou Nacional.*

- O Desenvolvimento não se processa nem pode ser concebido por sector de actividade. Neste sentido, para que haja realmente Desenvolvimento, é indispensável atender a todas as dimensões da vida humana: social, cultural, económica, lazer, etc. O *Desenvolvimento é pois um processo integrado.*

- O Desenvolvimento de um território local não pode apenas considerar as potencialidades existentes no local. O processo de Desenvolvimento tem de considerar as complementaridades oferecidas pelos outros locais e a outros níveis: regional, nacional, europeu e mesmo mundial. Isto é, o *Desenvolvimento tem uma dimensão local e outra global que pode ser trans-local, trans-regional, trans-nacional e mesmo trans-continental.*

• O Desenvolvimento é um processo centrado nos seres humanos e, como tal, não pode ser alheio aos valores humanos, sociais e culturais da sociedade em que se processa. O Desenvolvimento tem de tomar em consideração a solidariedade social. Um *País não pode ser considerado Desenvolvido enquanto tiver uma região subdesenvolvida.*

Face a estes pressupostos, parece-nos evidente que só é possível promover o Desenvolvimento do País quando este estiver adequadamente regionalizado. Isto é, os profundos desequilíbrios regionais que hoje testemunhamos só poderão ser atenuados e eliminados através da regionalização. Por outras palavras, enquanto não tivermos regiões continuaremos a assistir ao agravamento dos desequilíbrios entre regiões e locais. Não nos esqueçamos que a base de uma sociedade e de uma economia é o território e as relações que os seres humanos estabelecem e mantêm com ele. É por isso mesmo que uma sociedade só poderá aspirar ao Desenvolvimento na medida em que for capaz de criar novas formas de relacionamento com o seu território.

Do que foi dito parece legítimo concluir que as coordenadas do processo de Desenvolvimento assentam fundamentalmente nos seres humanos e seus valores individuais, sociais e culturais assim como nas suas expectativas e aptidões no contexto da comunidade em que vivem. Contudo, isto só é possível com a aproximação do poder de decisão ao nível de execução. Por outras palavras, para haver Desenvolvimento é essencial que se decida com conhecimento das realidades concretas e com oportunidade. Haverá algum governante, por muito competente e honesto que seja, capaz de tomar, a partir da capital, com oportunidade, a decisão mais adequada a uma dada situação no Alentejo ou em Trás-os-Montes? Pensamos que não.

A Regionalização enfrenta, no entanto, um conjunto de dificuldades de natureza diversa. Umas dificuldades de natureza puramente antirregionalista, justificadas por motivos não fundamentados e, muitas vezes, por hipocrisias e receios sem sentido, são protagonizadas por indivíduos que, usando a estratégia do lobo com pele de cordeiro, tentam retardar o processo com a esperança de que o mesmo fique pelo caminho o que, lamentavelmente, parece estar a acontecer! Outras, de difícil compreensão, são protagonizadas por defensores da Regionalização que, por interesses provavelmente pessoais e completamente alheios ao processo, entendem que é necessário um número diferente de Regiões. Isto é, a Regionalização, por estranho que pareça, enfrenta dificuldades vindas não apenas dos sectores antirregionalistas, mas também daqueles que a defendem!

A finalizar é essencial deixar aqui expressa a convicção de que, tal como o Desenvolvimento, a Regionalização não se oferece, RECLAMA-SE. Por isso, convidamos e desafiamos todos aqueles que defendem a Regionalização a *reclamar*, junto da Assembleia da República e do Governo, o início do processo de Regionalização. Não fiquemos à espera que a Regionalização venha. Vamos ao encontro DELA!

Referências Bibliográficas

Banks, G. (2003). "Foreword" in Productivity Commission 2003, Social Capital: Reviewing the Concept and its Policy Implications. Research Paper. Canberra: AusInfo

Baptista, F.O. (1993). *Agricultura, Espaço e Sociedade Rural*. Coimbra: Fora do Texto

Baptista, F.O. (1994). "Famílias e explorações agrícolas. Notas sobre a agricultura familiar na Europa do Sul", Comunicação apresentada ao IV Congresso Latinoamericano de Sociologia Rural.

Baptista, F.O. (1995). "Famílias e explorações agrícolas. Notas sobre a agricultura familiar na Europa do Sul", in *Ensaios de Homenagem a Francisco Pereira de Moura*, Instituto Superior de Economia e Gestão, Lisboa: Universidade Técnica de Lisboa.

Baptista, F.O. (2001). Agricultura e Territórios. Oeiras: Celta Editora.

Barros, V.C. e Fragata, A., (1992). "A Agricultura Familiar e os desafios de integração no mercado comum", in Temas de Economia e Sociologia Agrária, p1-13, Lisboa, Ministério da Agricultura.

Bourdieu, P. (1985). "The forms of capital" in Richardson, J. (Ed), Handbook of Theory and Research for the Sociology of Education, pp. 241-258. New York: Greenwood

Casinha, R. (s/d). "Empresa Agrícola Familiar e Desenvolvimento. Uma tipologia para o Alentejo, http://home.utad.pt/~des/cer/CER/conteudo/06.HTM

Casinha, R. e Figueira, E. (1995). "A mão de obra familiar na empresa agrícola alentejana", in *Economia e Sociologia, nº 60, 1995*.

Casinha. R. (2000). "Famílias agrícolas e desenvolvimento: o caso do Alentejo." In Congresso Português de Sociologia, 4, Coimbra, 17-19 de Abril 2000.

Coleman, J. (1988). "Social capital in the creation of human capital", American Journal of Sociology, vol 94, (supplement), pp. s95 – s120.

Duarte, A. (1996), "Uma Nova Formação Profissional para um Novo Mercado de Trabalho", *Formar, (21)*, 4-23.

Figueira, E. (1997). *Participation in Continuing Vocational Education and Training: A Need for a Sustainable Employability,* unpublished project application, Universidade de Évora.

Figueira, E & Saúde, S (1998). *VET and labour market,* unpublished paper, Forum for European Research in Vocational Education and Training.

Fonseca, A. (1995), "Que Formação para o Século XXI?", *Formar, (15)*, 44-49.

Hodson, R., Hooks, G. e Riebie, S. (1994). "Training in the workplace: Continuity and Change", *Sociological Perspectives, (37)*, 1, 97-119.

Marques, J.P. (2004). "Tipos de Agricultura em Portugal", in Série Estudos e Documentos, Gabinete de Planeamento, Políticas e Administração Geral, Ministério da Agricultura.

Nyhan, B., Attwell, G. & Deitmer, L. (1999). *Towards the learning region: Education and Regional Innovation in the European Union and the United States.* Thessaloniki: CEDEFOP.

OECD. (2001). The Well-being of Nations: the Role of Human and Social capital. Paris: OECD

Putnam, R. (1993). Making democracy Work. Princeton: Princeton University Press

Serageldin, I. (1996). Sustainability and Wealth of Nations: First Steps in an Ongoing Journey. Environmentallly Sustainable Development Studies and Monographs, nº 5. Washington, D.C: World Bank

Spenner, K. (1990). Skill: Meanings, methods and measures. Work and Occupations, 17, 399-421.

Walther, R. (1997). European Experience with Local Training Partnerships for Global Competition, in McFarland, L. (ed.) (1997). *New Visions: Education and Training for an Innovative Workforce*, MDS-1073, Berkeley: National Center for Research in Vocational Education Graduate School of Education / University of California at Berkeley.

Winter, I. (2000). Towards a theorised understanding of family life and social capital. Working Paper nº 21. Melbourne: Australian Institute of Family Studies.

Woolcock, M. (1998). "Social Capital and Economic Development: toward a theoretical synthesis and policy framework", Theory and Society, vol. 27, pp. 151-208

World Bank. (1998). The Initiative on Defining, Monitoring and Measuring Social Capital: Overview and Program Description. Social Capital Initiative Working Paper, nº 1. Washington, D.C.: The World Bank

Zhou, M. and Bankston, C.L. (1994). "Social Capital and the Adaptation of the Second Generation: The case of the Vietnamese Youth in New Orleans". International Migration Review, 18 (4): 821-845.

Resumo Biográfico do Autor

Professor catedrático na Faculdade de Ciências Sociais, Educação e Administração (FCSEA) da Universidade Lusófona de Humanidades e Tecnologias (ULHT), Lisboa, onde lecciona disciplinas nos domínios das *metodologias de investigação e de análise de dados em ciências sociais e humanas, dinâmicas de desenvolvimento, economia social e solidária, planeamento e gestão de projectos* no âmbito das licenciaturas em Sociologia e em Serviço Social e dos Mestrados em Sociologia, em Turismo e em Serviço Social.

Licenciou-se em Agronomia (1974) pela Universidade de Luanda, Angola, e obteve os graus de Mestre (1984) e de Doutor (1987) em Educação Contínua e Vocacional pela Universidade de Wisconsin-Madison, EUA.

Aposentou-se da função pública em Outubro de 2008 como professor associado com agregação da Universidade de Évora. Na Universidade de Évora desempenhou as funções de Presidente do Conselho do Departamento de Sociologia (2005-2008), de Vice-Reitor (1995-1998) e de Pró-Reitor para a Educação Contínua (1994). Exerceu ainda as funções de Director do Mestrado em Sociologia (1994/95 e 2005/08).

Como docente e investigador (Universidade de Évora e ULHT) tem-se preocupado com as questões do Desenvolvimento Rural e da Educação e Formação Contínua de Adultos o que o levou a envolver-se na promoção do Desenvolvimento Local sustentável no Alentejo no quadro do Programa de Iniciativa Comunitária LEADER. Nesta linha de trabalho e preocupação, promoveu a fundação da ALIENDE, Associação para o Desenvolvimento Local de que é Presidente da Direcção desde a sua fundação e, nesta qualidade, foi um dos promotores da fundação do consórcio MONTE-Desenvolvimento do Alentejo Central, ACE. Desde a sua fundação que é membro do Conselho de Administração do MONTE, tendo exercido por diversas vezes o cargo de Presidente. Ainda neste quadro de preocupações desempenhou as funções de Presidente da Direcção da ANIMAR-Associação Portuguesa para o Desenvolvimento Local (2012-2016), cargo para que foi eleito em Novembro de 2012.

No âmbito da sua actividade académica e de pesquisa tem participado em diversos projectos de investigação, financiados pela União Europeia e pelo Estado Português, e tem apresentado várias comunicações em conferências e congressos nacionais e internacionais. sobre questões sociais a nível Europeu, nacional e regional.